www.ingramcontent.com/pod-product-compliance
Lightning Source LLC
LaVergne TN
LVHW010610070526
838199LV00063BA/5125
* 9 7 8 9 3 5 8 7 2 4 1 4 1 *

کچھ کھٹے کچھ میٹھے

انشائیے

(رسالہ 'شگوفہ' کے سالنامہ ۲۰۱۳ء سے منتخب شدہ انشائیے)

ادارہ شگوفہ

© Taemeer Publications LLC

Kuch khatte Kuch meethe Inshaiyeh *(Light Essays)*
Edited by : Idara Shugoofa
Edition: November '2023
Publisher :
Taemeer Publications LLC (Michigan, USA / Hyderabad, India)

ISBN 978-93-5872-414-1
9 789358 724141

مصنف یا ناشر کی پیشگی اجازت کے بغیر اس کتاب کا کوئی بھی حصہ کسی بھی شکل میں بشمول ویب سائٹ پر اَپ لوڈنگ کے لیے استعمال نہ کیا جائے۔ نیز اس کتاب پر کسی بھی قسم کے تنازع کو نمٹانے کا اختیار صرف حیدرآباد (تلنگانہ) کی عدلیہ کو ہوگا۔

© تعمیر پبلی کیشنز

کتاب	:	**کچھ کھٹے کچھ میٹھے انشائیے**
مصنف	:	**ادارہ شگوفہ**
صنف	:	طنز و مزاح
ناشر	:	تعمیر پبلی کیشنز (حیدرآباد، انڈیا)
سالِ اشاعت	:	۲۰۲۳ء
صفحات	:	۷۲
سرورق ڈیزائن	:	تعمیر ویب ڈیزائن

فہرست

(۱)	چاند اور آدمی	مجتبیٰ حسین	7
(۲)	نئے سال کے نئے ارادے	نصرت ظہیر	12
(۳)	خدا تجھے کسی طوفاں سے آشنا کردے	پرویز ید اللہ مہدی	15
(۴)	میرے دوستوں کو مجھ سے بچاؤ	فیاض احمد فیضی	18
(۵)	باہر کی دوا، باہر کے بچے	ڈاکٹر حبیب ضیا	24
(۶)	اشرف المخلوقات کا خطاب واپس لیا جائے	علیم خان فلکی	26
(۷)	مکھی کی فریاد	ڈاکٹر سید عباس متقی	30
(۸)	خواب تھا جو کچھ کہ دیکھا	ڈاکٹر فرزانہ فرح	35
(۹)	عنایاتِ اقبال	شجاع الدین غوری	41
(۱۰)	بچاؤ بچاؤ	مختار ٹونکی	44
(۱۱)	کون بن گیا کروڑپتی	منظور الامین	46
(۱۲)	نکورے باوانکو	رؤف خوشتر	48
(۱۳)	بس اتنا سا خواب ہے	قاضی مشتاق احمد	52
(۱۴)	ٹک	تمنا مظفرپوری	54
(۱۵)	پیار محبت عشق	ممتاز مہدی	56
(۱۶)	کھونا چابیوں کا اور ملنا پروفیسر کے مکان سے	ڈاکٹر انیس سلطانہ	58
(۱۷)	ہم سب ایک ہیں	زنفر کھوکھر	61
(۱۸)	اولڈ اِز گولڈ	سلطان سبحانی	64
(۱۹)	مس کال یا مسکین کال	عارف مسعود صدیقی	67
(۲۰)	قطب الدین ایبک اور ہمارے کتب الدین	ڈاکٹر صفدر	69
(۲۱)	میں امریکہ پہنچ گیا۔۔۔	سعدیہ مشتاق	71

پیش لفظ

انشائیہ زندگی کی سچائیوں کا ایسا بے ربط، زندگی سے بھرپور بیان ہوتا ہے جس میں لطافت، فلسفۂ حیات اور اسلوب کی دلکشی شامل ہوتی ہے۔ یہ نثری ادب کی ایسی مقبول اور پسندیدہ صنف ہے جو مضمون کی مانند لگنے کے باوجود مضمون سے الگ انداز رکھتی ہے۔ انشائیہ میں انشائیہ نگار آزادانہ طور پر اپنی تحریر پیش کرتا ہے، جس میں اس کی شخصیت کا پہلو نظر آتا ہے۔ صفحۂ قرطاس پر انشائیہ نگار کے الفاظ گویا خیالات، تاثرات، مشاہدات، محاورات اور مزاحیہ استعارات کے مختلف گلہائے رنگا رنگ سے سجے ہوتے ہیں۔ طنز و مزاح کے عناصر انشائیہ میں موجود ہوتے ہیں لیکن فکر و فلسفے اور مقصد کے تحت، طنز و مزاح کا انشائیہ میں ہونا ضروری اور لازمی نہیں ہے۔

زیر نظر کتاب دراصل طنز و مزاح کے معروف و مقبول قدیم ترین رسالہ "شگوفہ" (حیدرآباد، انڈیا) کے شمارہ (سالنامہ، جنوری ۲۰۱۳ء) سے منتخب شدہ انشائیوں کے ایک انتخاب پر مشتمل ہے۔

مجتبیٰ حسین
حیدرآباد

چاند اور آدمی

جس دن انسان نے چاند پر قدم رکھا ہے اس دن سے مرزا کے قدم زمین پر لڑکھڑانے لگے ہیں۔ وہ تو اچھا ہوا کہ ان کے پر نہیں ہیں ورنہ وہ انہیں بھی کھولنے لگتے۔ وہ اب مجسم راکٹ بنے پھر رہے ہیں کہ ادھر موقع ملے اور وہ اُدھر کھٹ سے خلا میں پرواز کر جائیں۔ ویسے ذاتی طور پر ہمارا بھی یہی خیال ہے کہ مرزا جیسے بہت سے لوگ اس دھرتی پر موجود ہیں جنہیں سچ مچ چاند میں چلے جانا چاہئے۔ اس سے ان کا کچھ بھلا ہو یا نہ ہو مگر اس دھرتی کا کچھ بوجھ تو کم ہو جائے گا۔ کل رات وہ حسب معمول اپنی بیوی سے کھانے سے پہلے کی لڑائی ہار کر واپس ہوئے تو کہنے لگے' بھئی! میں تو اب اپنے کمانڈر موڈیول سے تنگ آ گیا ہوں جی چاہتا ہے کہ اپنے کمانڈ موڈیول کو چند دنوں کے لیے اس کے میکے بھیج دوں، ہم نے کہا' کمانڈ موڈیول سے کیا مطلب؟'

بولے' جاہل ہو تم بھی چاند کا عہد آ گیا ہے اور تم کمانڈ موڈیول سے واقف نہیں ہو'۔

عرض کیا۔' مگر یہ کمانڈ موڈیول کا میکہ خلا میں کہاں ہوتا ہے۔'

فرمایا: بھئی! کمانڈ موڈیول سے یہاں ہماری مراد ہماری گھر والی ہے جو ہمیں ہر روز کمانڈ کرتی ہے اور مہینہ کے پورے ۳۰ دن ہماری تنخواہ کا حساب پوچھتی ہے۔

ہم ہنس کر چپ ہو جانا چاہتے تھے کہ مرزا نے خود ہی کہا' بھئی! میں تو اپنے آپ کو لونار موڈیول اور اپنے بچوں کو سروس موڈیول سمجھتا ہوں مگر کیا کروں کہ کمانڈ موڈیول کے بغیر گھر میں نہ تو چولھا سلگتا ہے اور نہ ہی جھاڑو لگتی ہے۔' ہم نے کہا' یار مرزا! خدا کے لیے خلا کی اصطلاحوں میں باتیں کرنا چھوڑ دو کہ چھوٹے منہ سے بڑی بات اچھی نہیں لگتی'۔

وہ بولے' یار! میرے حال پر ذرا ترس کھاؤ گذشتہ ۳۰ برسوں سے اپنے گھر کے مدار کے اطراف چپ چاپ گردش کیے جا رہا ہوں۔ کسی نے پلٹ کر یہ بھی نہ دیکھا کہ میں بے وزنی کی حالت کا شکار ہوتا جا رہا ہوں۔ میں تو اب سچ مچ چاند میں جانا چاہتا ہوں'۔

یہ کہہ کر مرزا کے چہرہ پر خوشی کے وہ آثار نمودار ہوئے جو ہر مہینہ کی پہلی تاریخ کو ان کے چہرے پر نمودار ہو جاتے ہیں۔ پھر انہوں نے کسی اندرونی مسرت سے مغلوب ہو کر کہا' بھئی! جب سے انسان چاند پر گیا ہے میں خوشی کے مارے پھولے نہیں سما رہا ہوں۔ مجھے نجات کا ایک راستہ نظر آ رہا ہے'۔

ہم نے مرزا کو ٹوکتے ہوئے کہا' مرزا تمہاری خوشی بالکل بیجا ہے کیوں کہ چاند پر تو انسان گیا ہے تمہیں خوش ہونے کی کیا ضرورت ہے۔'

بولے: کیا میں تمہیں انسان نظر نہیں آتا۔ تم کچھ بھی سمجھو مگر میں چاند میں ضرور جاؤں گا۔۔

ہم نے کہا: میاں مرزا! چاہتے تو ہم بھی یہی ہیں کہ تم چاند میں چلے جاؤ مگر تم اپنے گھر سے دفتر تک بھی بڑی مشکل سے آتے ہو۔ تمہاری بیوی جب تمہیں اپنے گھر سے داغتی ہے تو تم اپنے مختلف مرحلوں سے گزر کر بہ وقت تمام اپنے دفتر پہونچتے ہو۔ کہاں چاند کے سفر کی بات کرتے ہو!

بولے: میاں! جب انسان بیوی بچوں کے ہاتھوں مجبور ہو جاتا ہے تو چاند میں تو کجا مریخ میں بھی جا سکتا ہے۔

ہم نے پوچھا: تو کیا تم یہ سمجھتے ہو کہ امریکہ بھی اپنے بچوں اور بیوی سے تنگ آ کر چاند میں جا رہا ہے؟

فرمایا: بالکل درست! یہ ویٹ نام اور کیوبا امریکہ کے بیوی بچے نہیں تو اور کیا ہیں۔

عرض کیا: مرزا تم ٹھیک تو کہتے ہو مگر چاند میں جانے سے پہلے یہ بھی سوچ لو کہ چاند میں آکسیجن نہیں ہے وہاں زندہ کیسے رہو گے۔

فوراً بولے۔ 'یہ بات تم یوں کہہ رہے ہو جیسے میرے گھر میں آکسیجن موجود ہے۔ کبھی گھر آ کر دیکھ لو پتہ چلے کہ میں اب بھی چاند میں ہی رہتا ہوں۔ ہاں کبھی کبھار تقاریب اور عیدین کے موقع پر تھوڑی سی آکسیجن اپنے پڑوسی کے پاس سے منگوا لیتا ہوں۔ بھئی! میں تو کہتا ہوں کہ ہم ہندوستانی دنیا کے بہترین خلا باز بن سکتے ہیں۔ بخدا ہمیں خلائی سفر کی تربیت کی ضرورت نہیں ہے۔ آکسیجن کے طلبگار تو ہم پہلے بھی نہیں تھے۔ ملک کے غذائی بحران نے ہمیں بہت پہلے ہی بے وزنی کی کیفیت کا مقابلہ کرنے کے قابل بنادیا ہے۔ سچ پوچھو تو ساری قوم پر ایک (Unnadned Spaceship) کا گمان ہوتا ہے۔ ہم تو ہر وقت خلا میں جانے کے لیے تیار ہیں۔

یہ کہہ کر مرزا راکٹ کی طرح اکڑ کر یوں کھڑے ہو گئے جیسے وہ لانچنگ پیڈ پر اپنے داغے جانے انتظار کر رہے ہوں۔

مرزا کی مثال تو ہم نے یونہی دیدی ورنہ سچ پوچھئے تو ان دنوں ہر آدمی چاند پر جانے کا تہیہ کیے بیٹھا ہے اور ہر آدمی دوسرے آدمی پر محض اس لیے کڑی نظر رکھے ہوئے ہے کہ کہیں وہ نظر بچا کر چاند کی سمت نہ چلا جائے۔

ہمیں یاد ہے کہ چاند پر امریکہ کی شاندار فتح کے بعد ایک نوجوان نے جوش میں آ کر اخبار میں یہ اعلان کروا دیا کہ وہ بھی چاند پر جانے کے لیے تیار ہے مگر جیسے ہی یہ اعلان شائع ہوا اس کے گھر پر قرض خواہوں کا تانتا بندھ گیا ہے کہ 'میاں! چاند پر ضرور جانا مگر جانے سے پہلے ہمارا حساب بے باق کر دینا ورنہ ہمیں بھی چاند میں آنا پڑے گا اور پھر ہرجہ و خرچہ کی ذمہ داری آپ پر ہی ہوگی'۔ سنا ہے کہ دھوبی سے لے کر نوکر تک ہر کسی نے اس نوجوان کو تنگ کیا۔ یہاں تک کہ جب کبھی وہ رات کو رفع حاجت کے لیے بستر سے اٹھتا تو اس کے بچے اس کے قدموں سے لپٹ جاتے کہ 'اباجان! خدا کے لیے نہ جایئے۔ ہم اب آپ سے اسکول کی فیس نہیں مانگیں گے۔ بھوکے رہیں گے مگر آپ سے کچھ نہ کہیں گے۔ للہ ہمیں ایسی سخت سزا نہ دیجئے'۔

بالآخر اس نوجوان کو پتہ چل گیا کہ اس دھرتی پر اس کے قدم کس قدر مضبوطی سے جمے ہوئے ہیں۔ سو اس نے ایک تردیدی اعلان یہ شائع کروایا کہ فی الحال اس کے معاشی حالات اس قابل نہیں ہیں کہ وہ چاند میں جانے کی جسارت کرے لہذا وہ بدستور اس دھرتی پر رینگتا رہے گا۔۔

مگر مجبوریوں کے باوجود آدمی پر چاند میں جانے کا خبط سوار ہوگیا ہے۔ ایک بچے سے ہم نے پوچھا بیٹا! تم چاند پر کیوں جانا چاہتے ہو؟ وہ بولا! اس لیے کہ چاند میں اسکول نہیں ہیں'۔۔

ایک صاحب سے ہم نے پوچھا: اور قبلہ آپ کیوں چاند میں جانا چاہتے ہیں؟

وہ بولے: جناب میں ایک ریٹائرڈ کانگریسی ہوں اس دھرتی پر رہ کر کیا کروں، چاند میں جاؤں گا تو کم از کم وہاں گاندھی جی کی تعلیمات کو عام کرنے کی کوشش کروں گا۔ زمین پر تو اب کوئی صورت نظر نہیں آتی۔

بھودان تحریک کے ایک لیڈر نے ہم سے کہا کہ وہ چاند میں پدیاترا کرنے کا ارادہ رکھتے ہیں اور دنیا کی بڑی اقوام سے یہ مطالبہ کرنا چاہتے ہیں کہ وہ چاند کو 'بھودان' میں دے دیں۔

غرض چاند میں جانے کے لیے ہر آدمی کے پاس ایک عدد جواز موجود ہے۔ ایک صاحب چاند میں اسمگلنگ کا کاروبار کرنا چاہتے ہیں۔ کوئی صاحب چاند میں کاشت کاری کے امکانات کا جائزہ لے رہے ہیں۔

پرسوں ایک ہوٹل میں چار دوست بیٹھے تھے جن میں سے

ایک انجینئر تھا دوسرا تاجر، تیسرا ڈاکٹر اور چوتھا وکیل ۔۔

انجینئر نے کہا : میں چاند میں آپ لوگوں کے لیے مکانات تعمیر کروں گا۔

تاجر نے کہا : میں چاند میں آپ لوگوں کی ضرورت کی اشیا فراہم کروں گا۔

وکیل نے کہا: میں چاند میں آپ لوگوں کے جھگڑوں کا تصفیہ کراؤں گا۔

اور سب سے آخر میں ڈاکٹر نے کہا : اور میں آپ اصحاب کے جھگڑوں کو ہمیشہ ہمیشہ کے لیے دفن کردوں گا اور اپنی فیس مشورہ لے کر پھر سے زمین پر واپس ہوجاؤں گا۔

ایک محاورہ عرصہ سے سنتے آرہے ہیں کہ ’اپنی اپنی روٹی پر دال کھینچنا‘ ۔مگر اب اس محاورہ میں تبدیلی ضروری ہے کیوں کہ ہر آدمی اب اپنی اپنی روئی پر چاند کو کھینچ رہا ہے اور جو شخص اپنی روٹی پر چاند کو کھینچنے کی سکت نہیں رکھتا وہ چاند کا جاو بیجا حوالہ دے کر اپنا الو سیدھا کررہا ہے ۔ ہم نے گذشتہ چند دنوں میں اپنے مختلف دوستوں سے اس قسم کے جملے بارہا سنے ہیں ۔بھئی انسان چاند میں پہونچ گیا ہے کم از کم اب تو مجھے دس روپئے ادھار دیدو ۔ (جیسے ہم انہیں دس روپئے دینے کے لیے چاند میں انسان کے پہونچنے کا انتظار کررہے تھے) ۔ یار ! چاند میں انسان کے پہونچنے کی خوشی میں آج رات کا کھانا میں تمہارے ساتھ کھانا چاہتا ہوں ۔‘

’ طعنے دیئے جاتے ہیں کہ بھئی ! انسان چاند میں پہونچ گیا اور تم وہی چارمینار سگریٹ پی رہے ہو‘ ۔ یہ کہہ کر وہ اپنی جیب سے بیڑی نکال کر سلگا لیتے ہیں ۔

حد ہوگئی کہ پرسوں ہم نے ایک دفتر میں اپنے ایک کام کے سلسلہ میں ایک کلرک کو پانچ روپئے رشوت دی تو اس نے اپنی چھوٹی سی تیوری پر چالیس پچاس بل ڈال کر نہایت حقارت سے کہا ’غضب کرتے ہیں آپ بھی انسان چاند میں پہونچ گیا اور آپ وہی چاند کے عہد سے پہلے کی رشوت دے رہے ہیں ۔ کچھ تو زمانہ کی ترقی کا خیال کیجئے انسان کہاں سے کہاں پہنچ گیا اور آپ ابھی تک زمین پر رینگ رہے ہیں‘ ۔اس پر ہم نے کہا: قبلہ یہی بات میں آپ سے بھی کہنا چاہتا ہوں کہ کم از کم انسان کے چاند میں پہونچنے کے بعد تو آپ کو رشوت نہیں لینی چاہئے ۔اس نے کہا : واہ صاحب واہ ! رشوت نہ لوں گا تو چاند میں کیسے پہونچوں گا‘

ہم نے رکشا والوں کو تک چاند کے مرض میں مبتلا دیکھا ہے ۔ پرسوں ایک رکشا والے سے ہم نے اس کا نام پوچھا تو اس نے قدرے شرماتے ہوئے کہا حضور ! اس خاکسار کو نیل آرمسٹرانگ کہتے ہیں ۔ امریکہ کا نیل آرمسٹرانگ تو خلائی جہاز میں بیٹھ کر چاند میں پہونچا تھا مگر آپ میری رکشا میں بیٹھ کر دیکھئے کہ میں کس قدر آسانی سے آپ کو آسمان میں پہونچا دیتا ہوں ۔ہم اس کے خطرناک عزائم کا جائزہ لے کر دوسرے رکشا والے کی طرف متوجہ ہوئے تو رکشا راں مسمی نیل آرمسٹرانگ نے کہا: قبلہ اس رکشا میں نہ بیٹھئے وہ تو لونا نمبر ۱۵ ہے کسی سے بھی ٹکرا جائے گا اور اس زمین سے آپ کا ریڈیائی ربط ہمیشہ ہمیشہ کے لیے ختم ہوجائے گا۔

ایک اور نوجوان کا قصہ سنیئے کہ جس دن نیل آرمسٹرانگ نے چاند پر قدم رکھا اس دن وہ خوشی کے مارے اس قدر جوش میں آ گیا کہ فوراً اپنی محبوبہ کے پاس پہونچا اور کہنے لگا ۔

’ جان عزیز! آج میں تم سے یہ پوچھنا چاہتا ہوں کہ نیل آرمسٹرانگ نے تو چاند پر فتح پالی ہے ۔اب یہ بتاؤ کہ میں اپنے ’چاند‘ پر کب فتح پالوں گا ۔

اس پر محبوبہ زار و قطار رونے لگی کہ ہائے ہائے ! تم نے مجھے چاند سے تشبیہ دے کر میری توہین کی ہے ۔کیا تمہیں میرے چہرے پر چاند کی طرح داغ اور دھبے نظر آتے ہیں ۔کیا میں تمہیں اتنی بدصورت نظر آتی ہوں‘ ۔

سنا ہے کہ اس چیخ و پکار کے بعد نوجوان راکٹ کی رفتار سے بھاگ کھڑا ہوا ۔ ہمیں اس سارے ہنگامے میں شعرا کی حالت پر

بڑا رحم آ رہا ہے کیوں کہ ان بے چاروں نے اپنی شاعری کی بنیاد اس زمین پر رکھنے کی بجائے چاند پر رکھی تھی اور جب انسان کے قدم چاند پر پہونچ گئے ہیں تو شعرا کے قدموں کے نیچے سے چاند نکل گیا ہے اور وہ سچ مچ خلا میں چکر لگانے لگے ہیں اور ان کے مصرعوں کا وزن گر گیا ہے اب نہ تو چاند سے راز و نیاز کی باتیں ہیں اور نہ ہی انہیں چاند کو دیکھ کر اپنی محبوبہ کا خیال آتا ہے ۔ پرسوں ایک شاعر نے اپنی خفت مٹانے کے لیے کہا بھئی ! میں بھی چاند میں جانا چاہتا ہوں ۔۔

اس پر لوگوں نے کہا: اگر آپ چاند میں چلے جائیں تو پھر انسان کو چاند میں جانے کی قطعا ضرورت نہیں ہے ۔ ہم اس زمین پر ہنسی خوشی اپنی زندگی گذار لیں گے ۔ جب آپ اس زمین پر موجود نہ رہیں گے تو یہاں زندگی خود بخود خوشگوار بن جائے گی' اتنا سب کچھ سننے کے بعد شاعر نے اپنا گلا صاف کرتے ہوئے کہا 'مگر جانے سے پہلے میں آپ کو اپنی ایک غزل سنانا چاہتا ہوں ۔ اس غزل کی خصوصیت یہ ہے کہ اسے میں نے چاند کی زمین میں ہی لکھا ہے ۔'

اس کے بعد شاعر نے جونہی غزل کا مطلع سنایا سارا مطلع صاف ہوگا ۔ ہمارے کہنے کا مطلب یہ نہیں ہے کہ ہم چاند پر آدمی کے جانے کے مخالف ہیں ۔ ہاں البتہ ہم چاند کے جنون کے مخالف ہیں ۔ وہ دن ہمیں یاد آتے ہیں جب امریکی خلائی مسافر ۸ دن کے سفر پر خلا میں روانہ ہوئے تھے تو زمین کے باسیوں نے کیسی کیسی اوٹ پٹانگ حرکتیں نہ کی تھیں ۔ ایک صاحب ۱۶ جولائی کو شام میں ۷ بج کر ۲ منٹ پر کامنٹری سننے کے لیے ریڈیو سٹ کے سامنے بیٹھے تو پھر وہ ۲۴ جولائی کو ہی رات میں ۱۰ بج کر ۲۵ منٹ پر ریڈیو سیٹ کے سامنے سے اٹھے ۔ اٹھے کیا بلکہ زبردستی اٹھائے گئے ۔ آٹھ دن تک انہوں نے اسی وقت کھانا کھایا جب خلاء باز کھانا کھایا کرتے تھے اور جب خلا باز سوجاتے اور لوگ انہیں بھی سوجانے کے لیے کہتے تو ارشاد ہوتا: بھئی ! وہ تو سو رہے ہیں ۔ اگر ایسے میں انہیں کچھ ہوگیا تو کیا ہوگا ۔ لہذا میں جاگتا رہوں گا ۔ نتیجہ اس مسلسل کامنٹری سننے کا یہ ہوا کہ جس وقت خلا باز زمین پر اترے اور انہیں ایک گاڑی میں بٹھا کر قرنطینہ کے لیے لیجایا جانے لگا تو تب ان صاحب کو بھی ایک ایمبولنس گاڑی میں ڈال کر دواخانہ لیجایا گیا ۔ اس لیے کہ ان کے اعضا میں تشنج پیدا ہوگیا تھا اور کانوں میں بار بار کامنٹری کی آوازیں آ رہی تھیں ۔ اب یہ حال ہے کہ ادھر خلا باز قرنطینہ میں مصروف ہیں اور یہ ادھر دواخانہ میں زیر علاج ہیں اور ہمیں یقین ہے کہ وہ اسی دن دواخانے سے صحت یاب ہوکر نکلیں گے جس دن خلا باز قرنطینہ سے باہر آئیں گے ۔

ایک اور صاحب ہیں جنہوں نے ریڈیو سے خلا بازوں کی زمین کو کامیاب واپسی کی خبر سنتے ہی وفور مسرت میں اپنا ریڈیو سیٹ اٹھا کر پھینک دیا اور کہا اتنی بڑی خبر نشر کرنے کے بعد اب اس ریڈیو سیٹ کا مقصد پورا ہوگیا ہے لہذا میں اسے خلا بازوں کے نام پر قربان کرتا ہوں ۔ ایک صاحب کو پھینکنے کے لیے ریڈیو سیٹ نہ ملا تو انہوں نے فوراً ہمیں اپنی باہوں میں جکڑ لیا ۔ پھر انہوں نے ہمیں دو چار چکر دے کر خلا میں اچھال دیا ۔ جب ہم خلا میں اوپر تک پہونچ گئے تو نیچے سے پوچھا بھئی ! تمہیں زمین کیسی نظر آ رہی ہے؟ اور اس کے جواب میں ہم نے ان کے سر کے' چاند' کی طرف دیکھ کر کہا' ہمیں تو زمین پر بھی چاند ہی نظر آ رہا ہے' اور یہ کہتے ہوئے ہم ان کی' چندیا' پر اتر پڑے ۔۔

ایک اور صاحب ہیں جنہوں نے انسان کے چاند پر پہونچنے کی خوشی میں خوب ساری شراب پی لی اور نشہ میں ایک مین ہول میں گر گئے ہم نے مین ہول میں جھانک کر ان کے گرنے کی وجہ پوچھی تو کہنے لگے بھئی ! میں مین ہول میں کہاں ہوں میں تو خلائی جہاز میں بیٹھا ہوا زمینی کنٹرول سے محو کلام ہوں ۔

ایک اور صاحب کو خلا بازوں کی زندگی کی بڑی فکر تھی وہ اپنے ہر بڑے خیال کو خلا بازوں سے وابستہ کرتے تھے جس وقت خلا باز چاند کے قریب پہونچے تو اس وقت ان کے محلّہ میں بارش ہو رہی تھی وہ ہر ایک سے پوچھتے جاتے تھے کہ بھئی ! اب خلا

بازوں کا کیا ہوگا ایسی بارش میں وہ چاند پر کیسے اتریں گے ۔ بے چاروں کے پاس چھتریاں بھی نہیں ہیں ۔ اگر بارش میں چاند کی سطح پر وہ پھسل پڑے تو کیا وہ مر نہ جائیں گے ۔

غرض یوں لگتا ہے جیسے آدمی اب اس سینکڑوں سال پرانی زمین سے عاجز آ گیا ہے ۔ عاجز نہ آئے گا تو کیا کرے گا ۔ ہابیل اور قابیل کے زمانہ سے وہ اس زمین پر لڑائیاں لڑتا آ رہا ہے ۔ اب ہر آدمی چاند میں پہلا کام کرنے کی جستجو میں ہے ۔ نیل آرمسٹرانگ نے تو صرف چاند میں پہلا قدم رکھا ہے ۔ اب چاند پر کوئی آدمی پہلا مکان بنانے کا اعزاز حاصل کرنا چاہتا ہے ۔ کوئی چاند میں پہلی تقریر کرنے کا شرف حاصل کرنا چاہتا ہے کوئی شخص چاند میں پہلی بار چوری کرنے کی سعادت حاصل کرنا چاہتا ہے ۔ کوئی چاند پر پہلی بار اسمگلنگ کرنا چاہتا ہے ۔ لیکن ہم اس دن کا انتظار کر رہے ہیں جب چاند پر پہلے آدمی کا خون بہے گا اور جیسے ہی چاند کی سطح پر آدمی کا پہلی بار خون بہے گا اس دن انسان چاند سے بھی عاجز آ جائے گا اور وہ اپنا خون بہانے کے لیے مریخ ، عطارد اور زہرہ کی طرف نکل کھڑا ہوگا اور زمین انسان کا خون اپنے دامن میں چھپائے چپ چاپ دوسرے سیاروں کو گھورتی رہے گی ۔ وہ انسان سے یہ تک نہ پوچھ سکے گی کہ انسان جاتے جاتے خون کے ان دھبوں کو زمین پر کیوں چھوڑ گیا ہے ۔ ۔

(جولائی ۱۹۶۹ ء میں چاند کی تسخیر پر لکھا گیا مضمون مطبوعہ شگوفہ جولائی اگست ۱۹۶۹ ء)

☆

نصرت ظہیر
نئی دہلی

نئے سال کے نئے ارادے

نیا سال آتے ہی لوگ ایک دوسرے سے پوچھنے لگتے ہیں کہ اس سال آپ کیا کریں گے، یا اس سال کے لیے آپ کی کیا وِش ہے، کیا ریزولیوشن ہے کیا عہد ہے وغیرہ وغیرہ۔ عام طور پر لوگ اس طرح کے ارادے باندھتے ہیں کہ، اس سال میں سگریٹ پینا چھوڑ دوں گا، اس سال پان کھانا بند کردوں گا، اس سال شراب نہیں پیوں گا، کسی کو ادھار نہیں دوں گا، کسی سے جھگڑا نہیں کروں گا۔ مگر یہ عام لوگوں کے عہد اور ارادے ہیں جن کا سفر یکم جنوری کی پہلی ساعتوں میں شروع ہوتا ہے، دوسری تیسری جنوری کو ارادوں کے پاؤں لڑکھڑانے لگتے ہیں اور زیادہ سے زیادہ سات جنوری کی شام، عام آدمی خود اپنے آپ کو جھڑکتے ہوئے کہہ اٹھتا ہے، ''ابے چھوڑ یار، کیسا ریزولیوشن کیسا سال، جب سالی یہ دنیا ہی نہیں بدلتی تو میں اپنے آپ کو کیوں بدلوں۔ لا بھئی گھنشیام، ذرا ماچس دینا۔''

گھنشیام پوچھتا ہے کہ بھائی تو نے تو اسموکنگ چھوڑنے کا اعلان کر رکھا ہے۔؟

اس پر عام آدمی کہتا ہے، ''اعلان کر دیا تو کیا ہوا۔ میں اس وقت اسموکنگ چھوڑنے کے پہلے ہی مرحلے میں ہوں اور اس مرحلے کے پہلے قدم کے طور پر میں نے ماچس چھوڑ دی ہے۔''

پھر جب اگلا سال آئے گا اور عام آدمی پھر یہی عہد دوہرائے گا تو اگلی سات جنوری کی شام خود کو جھڑکنے کے بعد اُس کا بیان ہوگا: ''لا بھئی گھنشیام، ذرا ایک سگریٹ دینا۔''

گھنشیام حسبِ معمول اسے اس کا عہد یاد دلائے گا جس پر عام آدمی کہے گا، ''بھائی تب میں نے ماچس چھوڑی تھی اور اب میں سگریٹ چھوڑنے کے اگلے مرحلے میں ہوں چنانچہ اس سال میں نے سگریٹ خریدنا چھوڑ دیا ہے۔''

یوں ہی نئے سال آتے رہیں گے، عام آدمی نئے عہد کرتا رہے گا، ہر سات جنوری کی شام اس کے عہد میں ترمیم ہوتی رہے گی، اور یوں ہی ایک سال سچ مچ اس کی سگریٹ نوشی چھوٹ جائے گی، جس کے بعد وہ بیڑی پر اتر آئے گا... گٹکا کھانے لگے گا... دیسی پینے لگے گا... اور ایک دن کھانستے کھانستے خون تھوک کر اس حال کو پہونچ جائے گا کہ نہ اس کی زندگی میں نیا سال آئے گا نہ کوئی عہد کرنا پڑے گا۔ عام آدمی کے نئے سال کی بس اتنی ہی کہانی ہے۔

کہانیاں تو جناب خاص آدمیوں کی ہوتی ہیں۔ ایک خاص آدمی کسی ریستوراں میں بیٹھا سگریٹ پر سگریٹ پھونکے جارہا تھا۔ ایک عام آدمی سے جو تھوڑا سا انٹیلی جنٹ بھی تھا، اور چند روز پہلے ہی سگریٹ چھوڑنے کا عہد کر چکا تھا، یہ دیکھ کر رہا نہیں گیا۔ وہ اس کے پاس پہونچا اور کہنے لگا، ''بھائی جان آپ کب سے سگریٹ پی رہے ہیں؟''

خاص آدمی نے جواب دیا، ''صبح سے! مگر کیوں؟''

عام آدمی نے پوچھا، ''میرا مطلب ہے سگریٹ کی عادت آپ کو کب سے ہے... کتنے سال ہوگئے ہوں گے۔''

خاص آدمی نے کہا، ''یہ عادت تو بچپن سے ہے۔ یہی کوئی تیس سال ہوئے ہوں گے... مگر کیوں آخر؟ یہ سب کیوں پوچھ رہے ہو؟''

عام آدمی نے کہا، ''ابھی بتاتا ہوں، ذرا صبر کیجئے۔ یہ بتایئے روزانہ آپ کتنی سگریٹ پی جاتے ہیں۔''

''یہی کوئی تین ساڑھے تین پیکٹ۔'' خاص آدمی نے جواب دیا جس پر عام آدمی نے جیب سے کاغذ قلم نکالا اور کچھ دیر تک کاغذ پر حساب لگاتے رہنے کے بعد بولا:

''اگر آپ نے شروع میں ہی سگریٹ چھوڑ دی ہوتی اور اس عادت پر خرچ ہونے والی رقم کو بچا کر رکھتے تو اس وقت آپ جس بارہ منزلہ عمارت کے ریستوراں میں بیٹھے سگریٹ پر سگریٹ پئے جا رہے ہیں اس کے مالک آپ ہوتے۔''

اس پر خاص آدمی نے مسکراتے ہوئے کہا، ''جناب، اس بارہ منزلہ عمارت کا مالک میں ہی ہوں۔''

عام آدمی حیرت سے اسے دیکھتا رہا اور ریستوراں سے باہر سگریٹ پان کی دوکان پر جا کر اس نے سات جنوری سے پہلے ہی اپنی قسم توڑ ڈالی۔

نئے سال سے جڑی ہوئی کئی اور باتیں بھی ہیں جن سے مجھے خاصی الجھن ہوتی ہے۔ ایک تو یہی کہ نیا سال ہر سال آ جاتا ہے۔ اتنے برس ہو گئے نئے سال کو دیکھتے ہوئے، مجال ہے جو ایک سال بھی اس کا ناغہ ہوا ہو۔ دوسرے یہ کہ ہر نیا سال ٹھٹھراتی ہوئی سردی میں آتا ہے۔ مسلمانوں کا سال اچھا ہے کہ تینتیس برس میں سال بھر کے ہر موسم کا مزا چکھا دیتا ہے۔ پہلے عیسائیوں کا سال بھی یکم مارچ کو قدرے شریفانہ موسم میں شروع ہوا کرتا تھا۔ اسی حساب سے ستمبر، اکتوبر، نومبر اور دسمبر ساتواں Septem، آٹھواں Octo، نواں Novem اور دسواں Decem مہینہ کہلاتے تھے۔ مگر پھر نہ جانے انھیں کیا سوجھی کہ سب کچھ الٹا پلٹا کر ڈالا اور نئے سال کو کھینچ کر سردیوں میں لے آئے۔

ایک خراب بات یہ ہے کہ لوگ نیا سال آتے ہی ایک دوسرے کو مبارک باد دینے پر تل جاتے ہیں۔ سب جانتے ہیں کہ ان کی مبارک باد سے نہ اس سال کا کیریکٹر بدلنے والا ہے نہ اس آدمی کا جس پر مبارک باد تھوپی جا رہی ہے۔ سال کی آخری رات آپ لحاف میں دبک کر خوابِ خرگوش کے مزے لے رہے ہیں کہ فون کی گھنٹی بجے گی، اور دوسری طرف سے نئے سال کی مبارک بادیں برسنا شروع ہو جائیں گی۔ موبائل پر طرح طرح کے ایس ایم ایس آتے رہیں گے۔ ڈاکیہ ہر روز نئے سال کی مبارک باد کے کارڈ لا کر آپ کو شرمندہ کرتا رہے گا کہ میاں اب تک کسی کو مبارک بادی کا کارڈ نہیں بھیجا تو آج بھیج دیجئے۔ لوگ سڑک پر راستہ روک کر کھڑے ہو جائیں گے اور جب تک آپ سے نئے سال کی مبارک باد کا تبادلہ نہیں کر لیں گے تب تک پیچھا نہیں چھوڑیں گے۔

ایک مرتبہ ایک صاحب نے نئے سال کی مبارک باد دی تو میں نے انہیں سمجھانے کی کوشش کی کہ جناب نیا سال کسی مہینے کسی تاریخ یا گھڑی کے کسی خاص وقت کا محتاج نہیں۔ وہ ہر لمحے آتا رہتا ہے۔ ایک سال کا مطلب ہے سورج کے گرد زمین کا ایک چکّر۔ اور یہ ایک چکّر ہر گزرتے پل مکمّل ہوتا رہتا ہے۔ زمین جہاں اس وقت ہے وہاں وہ اب سے ٹھیک ایک سال پہلے تھی۔ اور اب ٹھیک ایک سال بعد دوبارہ پھر اس جگہ آئے گی۔ لہٰذا ہر گزرتا پل ایک نیا سال ہے۔ وہ صاحب بقول مشتاق یوسفی اردو میں سات کے ہندسے کی طرح منہ کھولے میری باتیں سنتے رہے۔ اس کے بعد آنکھیں جھپکاتے ہوئے گرم جوشی سے ہاتھ ملا کر بولے، ''چلئے، آپ کو ہر نئے پل نیا سال مبارک ہو۔'' اور میں اپنا سا منہ لے کر رہ گیا۔ عام طور پر زیادہ بقراطیت جھاڑنے کا یہی نتیجہ ہوتا ہے۔ سامنے والا بڑے صبر سے آپ کی بات سنتا ہے۔ آپ کی قابلیت کو سراہتا بھی ہے۔ مگر کرتا وہی ہے جو اس کا جی چاہتا ہے۔ مسکرا کر وہ بالکل سامنے کی ایک سیدھی سی بات کہتا ہے اور آپ کی تمام قابلیت و بقراطیت اوندھے منہ گر جاتی ہے۔

پس نوشت

چاروں طرف تیز سرد ہوائیں چل رہی تھیں اور اپنے لرزتے ہوئے خیمے میں چھوٹی سی انگیٹھی سے ہاتھ تاپ کر ٹھنڈ سے کپکپاتے جسم کو گرمی پہنچانے کی کوشش کرتا ہوا سنہ دو ہزار بارہ دل ہی دل میں سوچ رہا تھا: آج کی رات بہت سرد ہوا چلتی ہے ...آج کی رات فٹ پاتھ پہ نیند نہیں آئے گی...آج کی رات بچیں گے تو سحر دیکھیں گے...

خیمے کا پردہ اس بری طرح پھڑ پھڑا رہا تھا کہ اسے یقین ہو گیا، اب ہوا ذرا سی اور تیز ہوئی تو خیمے کو بھی اڑا کر لے جائے گی۔ تبھی خیمے کے ایک جانب کا پردہ تھوڑا سا اوپر اٹھا اور ایک اونٹ کا چہرہ جھانکتا نظر آیا۔

"اے رحم دل شیخ !" اونٹ نے کہا، " میرا نام دو ہزار تیرہ ہے اور باہر بہت سخت سردی ہے ، اگر کہیں پناہ نہ ملی تو میں ٹھنڈ سے اکڑ کر مر جاؤں گا۔ خدارا مجھے اپنے خیمے میں پناہ دے دو ---"

"مگر یہ خیمہ تو بہت چھوٹا ہے عزیزم اور تم اتنے بڑے۔ ہم دونوں اس میں نہیں سما سکتے۔" دو ہزار بارہ نے کہا۔

"کوئی بات نہیں۔ تم فکر مت کرو۔ میں صرف اپنی گردن اندر رکھوں گا ۔اس طرح کچھ تو حرارت ملے گی ۔"

اونٹ کی بات معقول تھی۔ دو ہزار دس نے اسے گردن تک اندر آنے کی اجازت دے دی۔ کچھ ہی دیر بعد پورا اونٹ اندر تھا اور شیخ خیمے سے پورا باہر --- ٹھنڈ سے اکڑا پڑا تھا!

☆

پرویز یداللہ مہدی
شکاگو (امریکہ)

خدا تجھے کسی طوفاں سے آشنا کردے

دنیا کے واحد سوپر پاور امریکہ بہادر کے اکثر برسر اقتدار حکمرانوں کو دوسرے پسماندہ ممالک کے داخلی معاملات و روز مرہ معمولات میں دخل درمعقولات سے جس قدر دلچسپی اور رغبت ہے اسی قدر رغبت اور دلچسپی قدرتی آفات و بلیات سماوی کو امریکہ سے ہے۔ چنانچہ آئے دن طرح طرح کے سمندری طوفان اور زمینی بھونچال امریکی عوام الناس کی خیر خیریت و حال چال دریافت کرنے کی غرض سے نزول اجلال فرماتے رہتے ہیں۔ اس کے باوجود حکمرانوں کو نشۂ حکمرانی میں یہ یاد ہی نہیں رہتا کہ دنیا فانی ہے، یہاں کی ہر شئے آنی جانی ہے۔ حکمرانوں کا کیا دھرا بے چارے عوام بھگتتے اور حکمرانوں کے حق میں اگر اُردو زبان سے واقف ہوتے تو علامہ اقبالؔ کا یہ شعر ضرور نذر کرتے

خدا تجھے کسی طوفاں سے آشنا کردے
کہ ترے بحر کی موجوں میں اضطراب نہیں

ویسے شاعر مشرق کے مذکورہ شعر کی جو تشریح زمانۂ طالب علمی میں راقم کی ناقص سمجھ میں آئی تھی وہ کچھ یوں تھی کہ علامہ موصوف نے عام قاری کے ساتھ زیادتی یہ فرمائی تھی کہ اس کے بحر کی بے بحر موجوں میں اضطراب پیدا کرنے کے لیے براہ راست اسے طوفان سے ٹکرانے کا مشورہ دے ڈالا جبکہ احتیاط کے تقاضے کے پیش نظر ہونا تو یہ چاہئے تھا کہ مذکورہ مشورہ عنایت فرمانے سے پہلے یہ دیکھ لیا جاتا کہ قاری کے بحر کی موجوں کو کتنے اضطراب کی ضرورت ہے۔

چنانچہ اس جائزے کے نتیجے میں اگر بہ فرضِ محال بحر کی موجوں کو ہلکے پھلکے اضطراب کی ضرورت درکار ہوتی اور جواباً اسے اگر خدانخواستہ طوفان سے ٹکرا دیا جاتا تو اس کے پاش پاش ہوجانے کا خطرہ لاحق ہوجاتا اور ایسی خطرناک صورتحال سے اس کا بچنا اسی وقت ممکن ہوتا جب اسے طوفان کی جگہ دو چار ہلکے پھلکے تھپیڑوں کے حوالے کردیا جاتا۔ بقول شاعر

اے موجِ بلا ان کو بھی ذرا دو چار تھپیڑے ہلکے سے
کچھ لوگ ابھی تک ساحل سے طوفاں کا نظارہ کرتے ہیں!!

بات ہم نے امریکہ کے طوفانوں سے شروع کی اور عادت کے مطابق علامہ اقبال کے شعری طوفان میں تھوڑی دور تک بہہ نکلے آیئے۔ واپس موضوع کی طرف، امریکہ کی سرزمین پر قدم رنجہ فرمانے سے پہلے بخدا نہ کبھی کسی سچ مچ کے طوفان سے دوچار ہوئے تھے، نہ کسی بھونچال کی ٹیڑھی چال کے حال احوال سے نبرد آزما ہونے کا اتفاق ہوا تھا۔ بلکہ خدا جھوٹ نہ بلوائے طوفانوں کے حوالے یا تو اُردو شعر و ادب میں پڑھے تھے یا پھر فلمی نغموں میں سنے تھے۔ شعر و ادب سے دو عدد حوالے اوپر ہم پیش کرچکے ہیں۔ جہاں تک فلمی نغموں کا تعلق ہے فلمی دشت کی سیاحی میں چونکہ عمر گزاری ہے۔ لہذا یہاں نمونے کے طور پر چند فلمی نغموں کے مکھڑے پیش خدمت کیے دیتے ہیں۔

☆ دل میں چھپا کے پیار کا طوفان لے چلے
ہم آج اپنی موت کا سامان لے چلے
☆ نہ طوفان سے کھیلو نہ ساحل سے کھیلو
میرے پاس آؤ میرے دل سے کھیلو
☆ زندگی ہے یا کوئی طوفان ہے
ہم تو اس جینے کے ہاتھوں مر چلے
☆ سینے میں جلن آنکھوں میں طوفان سا کیوں ہے
اس شہر میں ہر شخص پریشان سا کیوں ہے
☆ ہم لائے ہیں طوفان سے کشتی نکال کے
اس دیش کو رکھنا میرے بچو سنبھال کے

مذکورہ فلمی نغمے میں شاعر نے اگرچہ کہ دیش کی آزادی کے

حوالے سے ملک کی کشتی کو غلامی کے طوفان سے نکال لانے کی بات کی ہے لیکن آج جو ملک کے دگرگوں حالات ہیں ان کو دیکھ کر معاملہ یوں لگتا ہے جیسے طوفان کو کشتی میں لاد کر لے آئے تھے۔!

ایسے طوفانی نغموں و شعروں کی کمی نہیں تاہم لفظوں میں بیان کئے جانے والے طوفانوں سے طوفان کی شدت اور اس کی تباہ کاریوں کا اندازہ نہیں ہوتا۔ اصلی طوفان کو دیکھنا ہو تو پھر ظاہر کی آنکھ سے تماشا کرے کوئی یعنی اس کے لیے اصلی سمندر کا ہونا ضروری ہے اور اتفاق سے راقم کی پیدائش شہر حیدرآباد فرخندہ بنیاد میں ہوئی ہے جس کی بنیاد کسی سمندر کے کنارے نہیں رکھی گئی کہ اس کے جغرافیائی حدود میں دور دور تک کوئی سمندر نہیں ہے۔ لے دے کر ایک چھوٹی بحر کی ندی تھی جو عرف عام میں موسیٰ ندی کہلاتی تھی اور جو شہر کے بیچوں بیچ سے گزرتی شہر کو دو حصوں میں تقسیم کرتی تھی، سو وہ بھی اب زمین کی جگہ تاریخ کے صفحات پر بہتی ہے۔ جس زمانے میں موسیٰ ندی زمین پر بہا کرتی تھی تب اس میں کسی طوفان کے اُٹھنے کا ذکر تو کسی سے سنا نہیں البتہ بزرگوں سے اتنا ضرور سنا ہے کہ ماضی بعید میں اس میں دو مرتبہ طوفان کے آثار نمودار ہوئے تھے تاہم یہ آثار بھی محض طغیانی تک محدود تھے اور طغیانی کو طوفان کی چھوٹی بہن کہتے ہیں یعنی طغیانی کی صورت میں پانی کا زور بصورتِ کمند اس نکتے پر جا کر ٹوٹ جاتا ہے جہاں سے طوفان کا لبِ بام محض دو چار ہاتھ رہ جاتا ہے۔۔

قسمت کی خوبی دیکھئے ٹوٹی کہاں کمند
دو چار ہاتھ جبکہ لبِ بام رہ گیا

تقدیر کا چکر جب سابقہ بمبئی و موجودہ ممبئی لے گیا تب ہمیں بھی ایک عدد اصلی اور وسیع و عریض سمندر بحیرۂ عرب عرف عرب ساگر کی صورت میسر آ گیا، ہم بڑے خوش ہوئے کہ چلو اب اصلی طوفان کو روبرو دیکھنے کا موقع میسر آئے گا۔ چنانچہ جتنا عرصہ بمبئی میں قیام و طعام رہا ہر صبح اس توقع کے ساتھ بیدار ہوتے کہ جس طوفان کے دیدار کی توقع تھی وہ آ چکا ہوگا۔ آدھی بمبئی اس کی زد میں آ چکی، باقی آدھی بچاؤ کی تدبیریں کرتے ہوئے پیدا کرنے والے کے آگے سر بہ سجود ہو کر گڑگڑاتے ہوئے اپنے اگلے پچھلے تمام گناہوں کی معافی مانگ رہی ہوگی۔ توبہ تلّہ کر رہی ہوگی لیکن افسوس ایسا کچھ بھی نہ دکھائی دیا، لوگ باگ روز کی طرح اپنے روزمرہ کے معمولات میں مصروف دکھائی دیتے، اسمگلر حضرات اسمگلنگ کرتے نظر آتے، ذخیرہ اندوز اشیائے خورد و نوش سے لے کر ضرورت کی ہر شئے کا ذخیرہ کرتے، جیب کترے ہاتھ کی صفائی کرتے دکھائی دیتے اور سمندر اس طرح پُرسکون اور شانت اس شعر کی عکاسی کرتا دکھائی دیتا

موج دریا سے یہ کہتا ہے سمندر کا سکوت
جس کا جتنا ظرف ہے اتنا ہی وہ خاموش ہے

البتہ امریکہ آنے کے بعد بھید کھلا کہ سمندر میں طوفان از خود نہیں اُٹھتا بلکہ وہاں آباد انسانوں کے حکمراں ٹولے کے اعمال کا نتیجہ ہوتا ہے۔ تب ہی تو داناؤں نے کہا ہے کہ جیسا کرو گے ویسا بھرو گے۔ دوسرے کو مارو گے خود بھی مرو گے۔ امریکی طوفانوں کی تاریخ بتاتی ہے کہ یہاں قدرتی آفات و بلیّات کی آمد و رفت کا عالم یہ ہے کہ ایک طوفانی بلا ابھی اپنا واپسی کا رختِ سفر پوری طرح باندھتی بھی نہیں کہ دوسرا طوفانی سلسلہ اپنا بندھا ہوا پورا بستر کھول دیتا ہے۔ ایسے میں مختلف النوع طوفانوں کے بیچ فرق و امتیاز قائم رکھنے کے لئے انھیں الگ الگ نام دینے کی رسم عام ہے، گویا یہاں طوفانوں کی نام رکھائی کا چلن عام ہے۔ اور اس کارِ اسم نویسی کو عالمی محکمہ موسمیات کا ایک شعبہ انجام دیتا ہے۔ اس شعبہ کی کارکردگی کا یہ عالم ہے کہ طوفان کی آمد آمد سے بہت پہلے ہی یعنی پیشگی اس کا نام رکھ دیا جاتا ہے۔ ابتداً یہ نام ذرا مردانہ قسم کے ہوا کرتے تھے جیسے پیٹر، ہنری، او ہنری جانی وغیرہ وغیرہ تاہم روشن خیال خواتین کی تنظیموں کی جانب سے اس سے پہلے کہ اس امتیازی سلوک کے خلاف احتجاج کیا جاتا محکمہ ہذا نے از خود طوفانوں اور بھونچالوں کے اچھے اچھے زنانہ نام تجویز کرنے شروع کر دیئے جیسے ریٹا، مارگریٹا، کٹرینہ اور اب تازہ ترین سینڈی۔ ویسے کٹرینہ نامی ایک عدد کیف آور و کیف پرور تفریحی طوفان بھارت کی فلمی دنیا، بالی ووڈ میں بھی پایا جاتا ہے اور یہ طوفان اپنے لٹکوں، جھٹکوں اور اداؤں سے انسانی بستیوں پر جھاڑو نہیں پھیرتا صرف ان کی جیبوں و بٹوؤں کی

صفائی کرتا ہے۔ ویسے امریکی طوفانوں کی تاریخ مزید یہ بتاتی ہے کہ مردانہ قسم کے ناموں والے زیادہ تر طوفان تباہی پھیلانے میں زنانہ ناموں والے طوفانوں کے مقابلے میں ذرا پیچھے ہی رہے ہیں ۔ گویا طوفان ہوں یا انسان مونث کے مقابلے میں مذکر مسکین ہی ثابت ہوتے ہیں لہذا یہاں مذکر طوفانوں کی مسکینی اور مونث طوفانوں کی سنگینی کی گہرائی و تفصیلات میں جانے کی ضرورت بالکل بھی نہیں ہے کیونکہ عقل مند کو اشارہ گھوڑے کو صرف چارہ ہی کافی ہے۔!

تازہ ترین امریکی طوفان محترمہ سینڈی ہی کو لیجیے اس کی تباہ کاریوں نے ایک دو نہیں امریکہ کی پوری گیارہ عدد ساحلی ریاستوں کو اپنی لپیٹ میں لے رکھا تھا۔ تباہی کے اس کھیل میں کچھ تو سینڈی کے زور کا عمل دخل تھا اور کچھ کسر ساحل سمندر کے کنارے کنارے یار لوگوں کے بستیاں بسانے کے شوق نے پوری کر ڈالی ۔ گویا آ بیل مجھے مار والے اس دو دھاری تماشے نے خوب رنگ دکھایا۔ اس بیل کے سینگوں کی زد پر ایسی بستیاں محض طوفان کے زمانے میں نہیں دکھائی دیتیں بلکہ مدّ و جزر کی صورت میں بھی آئے دن سمندر کا پانی کنارے والے مکانوں میں داخل دفتر نہیں بلکہ داخل گھر بھی ہوتا رہتا ہے۔ نتیجتاً گھر کا ساز و سامان ہی نہیں مالک مکان بھی کشتی رانی کے مزے لوٹتے اور گول گول رانی، کتنا کتنا پانی کا بچپن کا بھولا بسرا سبق دہرایا کرتے۔ اب ذرا ساحل سمندر سے دور دراز والی بستیوں کا بھی تھوڑا سا احوال سن لیجے۔ ایسی بستیاں بظاہر محفوظ معلوم ہوتی ہیں، یہاں کم سے کم مدّ و جزر والا خطرہ محسوس نہیں ہوتا تاہم ’’جزر و مدّ‘‘ والا خطرہ بہر حال یہاں بھی لاحق ہوتا ہے۔ ان بستیوں کی رہائش گاہوں میں میاں بیوی دونوں کے لیے مشترکہ بیڈ روم کے علاوہ دونوں کے لیے دو اور الگ الگ بیڈ روم بھی تعمیر کیے جاتے ہیں اور مزید احتیاط کو پیش نظر رکھ کر ان زاید بیڈ رومس میں خصوصی آمد و رفت کے لئے پچھلے دروازے بھی رکھے جاتے ہیں تا کہ خطرناک صورتحال کے پیدا ہونے پر فرار کا راستہ بھی موجود رہے۔ یہ الگ بات کہ ایسی خطرناک صورتحال کے نتیجے میں ان چور دروازوں سے بہ یک وقت فرار ہونے والی ہستیاں اتفاق سے آپس میں ٹکرا جائیں اور حسن اتفاق سے دونوں ہستیاں آپس میں میاں بیوی نکل آئیں تو پھر غیر ساحلی علاقے میں جو طوفان اُٹھتا ہے وہ اصلی طوفان سے زیادہ تباہ کن ثابت ہوتا ہے۔!!

طوفان چاہے چھوٹا ہو یا بڑا، ماضی تک طوفان طوفان کہلاتا تھا اور اس کا کام سمندر کی تہوں سے اُٹھ کر اطراف واکناف کی زمین کو تہہ و بالا اور ان میں آباد بستیوں کو تہس نہس کرنا ہوتا تھا لیکن حالیہ عرصہ میں جو طوفان شدت کے اعتبار سے زیادہ تباہی پھیلاتے ہیں انھیں سونامی کے نئے لقب سے پکارا جانے لگا ہے ۔ جہاں تک امریکہ کے نامی گرامی سونامی نما طوفانوں کا تعلق ہے ان کے متعلق امریکی قرضوں کی مہربانی تلے دبے ہوئے تیسری دنیا کے عوام الناس کا عام خیال ہے کہ یہ امریکہ کے خود کو خدائی فوجدار اور دنیا کا ٹھیکدار سمجھنے کا شاخسانہ ہے۔ کیونکہ دنیا کی تاریخ کی شاہد ہے کہ کم از کم، ریٹا، مارگریٹا، کٹرینہ اور سینڈی نامی سونامیاں، ویتنام، عراق، افغانستان میں امریکہ کے جارحانہ اقدامات کے خلاف قدرت کی طرف سے جوابی کارروائی ہے جبکہ امریکہ کے حمایتی ممالک امریکہ کے ان اقدامات اور اس کے ان جنگی عزائم کی کھلم کھلا حمایت کرتے ہوئے اسے نیک نیتی پر محمول کرتے ہیں۔ اللہ کیا خوب نیکی ہے، اگر یہ واقعی نیکی ہے تو یقیناً وہی نیکی ہے جس کے تعلق سے مشہور ہے کہ نیکی کر دریا میں ڈال ۔ صدر امریکہ جناب اوباما نے اپنے ہم قافیہ کی صورت ایک عدد جیتی جاگتی نیکی کو حالیہ عرصہ میں مار کر سمندر برد کر کے یہ ثابت کیا ہے کہ آدمی اگر چاہے تو صرف نیکی ہی کو نہیں اپنے دشمن کو بھی مار کر اسے بھی دریا میں ڈال سکتا ہے۔ تاہم ایسے ہر سفاکانہ عمل کے وقت آدمی یہ بھول جاتا ہے کہ جو نیکیاں دریا میں ڈالی جاتی ہیں وہ رایگاں نہیں جاتیں، دریا ایک دن کسی نہ کسی سونامی کی صورت بہ مع سود انھیں ضرور لوٹاتا ہے۔ بقول شاعر

دنیا نے ظلم و جبر و حوادث کی شکل میں
جو کچھ دیا تھا مجھ کو وہ لوٹا رہا ہوں میں

☆

فیاض احمد فیضی
ممبئی

میرے دوستوں کو مجھ سے بچاؤ

سجاّد حیدر یلدرم نے آج سے 113 برس پہلے بیسویں صدی کا استقبال اپنے معرکتہ الآرا مضمون بعنوان ''مجھے میرے دوستوں سے بچاؤ'' سے کیا تھا جس میں دلّی کے چاندنی چوک میں بھیک مانگتا ہوا، ایک لمبا تڑنگا، موٹا تازہ، مسخ شُدہ چہرے والا فقیر ان کے مضمون کا محرّک بنا تھا جو عجیب وغریب طریقے سے یوں صدا لگا رہا تھا:

''اے بھائی مسلمانو! خدا کے لئے مجھ بدنصیب کا حال سنو میں غریب الوطن ہوں، میرا کوئی دوست نہیں، ہائے میرا کوئی دوست نہیں!''

آج اکیسویں صدی کے بارہ، تیرہ برس گذر جانے کے بعد میں نے اس مضمون کی صداقت کو پرکھنے کی خاطر ممبئی سے دلّی کا سفر طے کر کے چاندنی چوک کے کئی چکّر لگائے تا کہ بیسویں صدی والے فقیر کا پڑپوتا ہی سہی، کوئی دوسرا فقیر مجھے نظر آ جائے مگر مجھے وہاں کوئی فقیر دکھائی نہیں دیا۔ ہاں، لمبے تڑنگے، موٹے تازے اور مسخ شُدہ چہرے والے کئی لوگ نظر آئے جو اونچی دکانوں میں بیٹھے نوٹ گِننے میں مصروف تھے۔۔

میں نے جلدی جلدی ایک دکان سے مٹھائی خریدی اور پیسے ادا کرتے ہوئے دکان دار سے پوچھنے کی ہمّت جتائی۔ ''بھیا، سنا ہے یہاں کسی زمانے میں بڑے فقیر ہوا کرتے تھے جو درد بھری صدائیں لگاتے تھے، وہ کہاں گئے؟''

دکان دار کہنے لگا۔'' بھائی صاحب! کچھ تو پاکستان چلے گئے۔ باقی جو تھے وہ سب تو اب امیر ہو گئے ہیں۔ کچھ نے یہاں دکانیں خرید لی ہیں اور اب فلیٹوں میں رہتے ہیں۔ کچھ سیاسی نیتا بن گئے ہیں، کوٹھیاں بنوا لی ہیں۔'' میں نے حیرت سے پوچھا۔''تو اب کیا چاندنی چوک اور پرانی دلّی فقیروں سے بالکل خالی ہوگئی ہے؟'' کہنے لگا۔''نہیں صاحب! کچھ رہ گئے ہیں جو چاندنی چوک سے زرا دور فتح پوری مسجد اور اس سے آگے بڑھیں تو جامع مسجد کے باہر اب بھی بھیک مانگتے ہیں، مگر اب وہ صدائیں نہیں لگاتے۔ بس چادر بچھائے بیٹھے رہتے ہیں اور موبائیل پر اپنے دوستوں سے باتیں کرتے رہتے ہیں اور خیرات چادروں پر برستی رہتی ہے۔''

دکان دار نے 'دوستوں' کا ذکر کیا تو میرے کان کھڑے ہوئے۔ بیسویں صدی کی ابتدا میں فقیروں کے دوست نہیں ہوا کرتے تھے (ممکن ہے وہ دوستوں کی بدولت ہی امیر سے فقیر ہو گئے ہوں) اور اب اکیسویں صدی کی دوسری دہائی میں فقیروں کے پاس روپیہ بھی ہے، موبائیل بھی ہے اور دوستوں کی بھی کمی نہیں۔ اب میں نے سجّاد حیدر یلدرم اور اپنی حالت کا موازنہ کیا تو انکشاف ہوا کہ مرحوم نے دوستوں کی بہتات اور ان کی ستم ظریفیوں سے تنگ آ کر کہا تھا کہ ''مجھے میرے دوستوں سے بچاؤ'' اور ایک میں ہوں کہ میرے احباب میری زیادتیوں سے نالاں ہیں۔ مجھے ان سے ہمدردی بھی ہے اور کبھی کبھی ان پر رحم بھی آتا ہے اور دل سے صدا نکلتی ہے۔ میرے دوستوں کو مجھ سے بچاؤ!

اس سے پہلے کہ میں آپ کو اپنے سادہ لوح اور مخلص دوستوں کی مہربانیوں اور اپنی ستم ظریفیوں کے واقعات سناؤں، میں آپ کو یہ بتانا ضروری سمجھتا ہوں کہ میرا حال جارج برنارڈ شا جیسا

ہے جن کے بارے میں آسکر وائلڈ نے لکھا تھا۔ ''دنیا میں برنارڈ شا کا کوئی دشمن نہیں ہے لیکن ان کا کوئی دوست انہیں پسند نہیں کرتا۔''

سب سے پہلے تو میں آپ کو یہ بتا دوں کہ میری ایک خوبی کے سبب کسی بھی موضوع پر بحث کے دوران میرے دوست فوراً ہتھیار ڈال دیتے ہیں۔ مسئلہ یہ ہے کہ اکیسویں صدی یکم جنوری ۲۰۰۰ء سے شروع ہوئی تھی یا یکم جنوری ۲۰۰۱ء سے۔ میں اونچی آواز سے کہتا ہوں۔ ''یقیناً ۲۰۰۱ء سے۔'' وہ کہتے ہیں۔ ''بھئی ساری دنیا تسلیم کر چکی ہے کہ اکیسویں صدی کا آغاز ۲۰۰۰ء سے ہوا تھا۔'' میں چیخ کر کہتا ہوں۔ ''نہیں ، بالکل نہیں۔ یہ سب بکواس ہے۔ آپ جیسے لوگوں نے یہی بحث ۱۹۰۰ء میں بھی چھیڑی تھی۔ مگر یہ غلط ہے۔ میں خود اس کے متعلق ایک مضمون لکھ چکا ہوں۔''

میرے مضمون کا ذکر سنتے ہی میرے دوست خاموش ہوجاتے ہیں مگر میں مسلسل بولتا رہتا ہوں۔ آخر کار میرے دوست بقول ان کے، اتمامِ حجت کی خاطر ہار مان لیتے ہیں۔ مگر میں جانتا ہوں، وہ میری مضمون نگاری سے خوفزدہ ہیں۔ حالاں کہ اپنی جھینپ مٹانے کی خاطر وہ یہ بھی کہتے ہیں کہ تم اپنی اونچی آواز سے ہمیں خاموش تو کر سکتے ہو، قایل نہیں کر سکتے۔

ایک اور مرتبہ بحث چھڑی کہ شکر قند کا استعمال ذیابیطس میں مفید ہے۔ میں پھر ضد پکڑ لیتا ہوں۔ ''یہ ممکن ہی نہیں ہے۔ جس سبزی کے نام میں ہی لفظ شکر موجود ہو وہ ذیابیطس میں کیسے مفید ہوسکتی ہے؟''

میرے دوست ڈرتے ڈرتے کہتے ہیں۔ ''بھئی انٹرنیٹ پر تو یہی لکھا ہے۔'' میں پھر انتہائی اونچی آواز میں بحث کو غیر منطقی انجام تک پہنچا دیتا ہوں۔ ''میں کچھ نہیں جانتا۔ انٹرنیٹ اور گوگل بھی آپ جیسے لوگوں کی ناقص معلومات سے بھرے پڑے ہیں۔'' ایک دوست ہمت کر کے پوچھ لیتا ہے۔ ''کیا آپ نے شکر قند پر بھی کوئی مضمون لکھا ہے؟'' میں خوش ہو کر جواب دیتا ہوں۔ ''جی ہاں! سیر حاصل مضمون۔'' اس کے بعد بحث کی کوئی گنجائش نہیں رہ جاتی ہے۔ ''شکر قند ذیابیطس کے لئے مُضر ہے۔ کہہ دیا تو کہہ دیا۔'' وہ غالباً نہیں جانتے کہ بحث کا یہ انداز میں نے دہلی اور بہار کے ادیبوں اور سیاست دانوں سے سیکھا ہے۔

اس کے بعد سچ مچ کوئی بحث نہیں ہوتی۔ وہ دن ہے اور آج کا دن، میرے دوستوں نے مجھ سے بحث کرنا ہی چھوڑ دیا ہے لیکن مجھے کبھی کبھی ان پر بڑا رحم آتا ہے۔ میری وجہ سے وہ بحث جیسی نعمت سے محروم ہیں۔ بحث کرنا نہیں سیکھیں گے تو زندگی میں آگے کیسے بڑھیں گے؟ بحث نہ کرنا بھیڑوں کی صفت ہے انسانوں کی نہیں اور بھیڑوں کا کیا انجام ہوتا ہے، سب جانتے ہیں۔

میری ایک اور پرانی عادت ہے (اچھی ہے یا بری آپ خود فیصلہ کریں) کہ میں دوسروں کی خامیاں ڈھونڈنے اور ان پر تنقید کرنے کے مواقع کی تاک میں رہتا ہوں (اس کا ذکر آگے بھی آئے گا) خاص طور پر اگر کوئی تلفّظ کی غلطی کرے یا زبان کی کوئی غلطی اس سے سرزد ہوجائے تو اس کا مضحکہ اڑانے میں مجھے دلی مسرت حاصل ہوتی ہے۔ اسی لئے میرے احباب بھی منتظر رہتے ہیں کہ کب مجھ سے چُوک ہو جائے اور وہ اس پر گرفت کر سکیں۔ ایک روز اتفاق سے میرے منھ سے نکل گیا۔ ''میں پچھلے ہفتے دہلی سے واپس لوٹ آیا۔'' فوراً میرے دوست جتندر سنگھ نے ٹوک دیا۔ ''جناب کیا واپس لوٹنا صحیح زبان ہے؟'' میں تھوڑی دیر کے لئے تو سٹپٹا گیا مگر دوسرے ہی لمحے سنبھالا لے کر میں نے کہا۔ ''حضرت! اگر آپ کو اس قسم کی باتوں میں دلچسپی ہے تو آپ 1980 میں شایع شدہ میرا مضمون ''زبان کی غلطیاں'' پڑھ لیجئے، آپ کو اطمینان ہو جائے گا۔'' جتندر سنگھ اعلیٰ سرکاری افسر ہیں مگر افسری کے نشے میں ان کی گردن ہمیشہ ایک طرف کو جھکی رہتی ہے۔ میری بات سن کر پہلے تو بھونچکا رہ گئے۔ پھر سنبھل کر کہنے لگے۔ ''آپ نے خود اپنا وہ مضمون پڑھا ہے یا نہیں؟'' میں سمجھ گیا وہ انتقام لینے کے موڈ میں ہیں۔ میں نے شانِ بے نیازی سے

جواب دیا۔ ''میں ایک بار مضمون لکھ دیتا ہوں تو پھر اسے نہیں پڑھتا۔''

مجھے ہر ماہ دوستوں کی کئی کتابیں اور مسودے تبصرے اور رائے زنی کی خاطر وصول ہوتے ہیں میری سمجھ میں نہیں آتا آخر لوگ مجھے معیاری کتابیں اور مسودے کیوں نہیں بھیجتے۔ اسی لئے میں کسی کو رسید تک نہیں بھیجتا، مبادا رسیدی خط میں سہواً کوئی تعریفی لفظ یا فقرہ شامل ہو جائے اور احباب اسے بطور سند استعمال کرنے لگیں۔ لیکن جب میری اپنی پہلی کتاب شایع ہوئی تو میں نے ٹیلی فون، ایس ایم ایس، ای میل، ذاتی تعلقات اور سفارشات، غرض تمام ذرایع استعمال کر کے اپنی کتاب پر آرا منگوانے اور تبصرے کرانے کا اہتمام کیا مگر جب ملک کے سب سے بڑے نقّاد رحیم صاحب نے صرف دوسطروں کا خط لکھ کر میری امیدوں پر گھڑوں پانی انڈیل دیا تو میں غصے سے ابل پڑا۔ مگر میں جانتا تھا کہ میرے دوست جتندر سنگھ عظیم نقّاد رحیم صاحب کے ایجنٹ ہیں۔ اس لئے دوسرے ہی روز ان کے گھر ناشتہ پر پہنچ گیا اور جب تک وہ مجھے ناشتہ کراتے رہے میں ان کی تعریفیں کرتا رہا۔ جب دونوں کا پیٹ بھر گیا تو میں نے مدّعا ظاہر کیا۔ مسکراتے ہوئے کہنے لگے۔ ''بس، اتنی سی بات ہے!'' اور فوراً رحیم صاحب کو فون لگایا اور ان سے عاجزانہ درخواست کی کہ وہ فوراً ایک صفحے کا تعریفی ریویو میری کتاب پر لکھ بھیجیں۔

ٹھیک ایک ہفتہ بعد جتندر جی یونی ورسٹی سیمینار میں ملے تو کئی لوگوں کی موجودگی میں انھوں نے نقادِ اعظم رحیم صاحب کا تعریفی تبصرہ میرے حوالے کیا۔ دیکھا آپ نے، میرے کیسے کیسے مہرباں ہیں کہ وہ مجھ سے ناراض ہونے کے باوجود مجھے اپنے احسان سے شرمندہ کرنے کا کوئی موقع ہاتھ سے جانے نہیں دیتے۔

میرے پرانے دوست نوید احمد پچھلے چالیس برسوں سے فلم اور ادب دونوں میدانوں میں شہسواری کر رہے ہیں۔ اب تک انھوں نے جو سب سے بڑا ادبی کارنامہ انجام دیا ہے وہ یہ ہے کہ انھوں نے اپنے شعری مجموعے کو منصۂ شہود پر آنے سے روک رکھا تھا مگر جب ضعف کے سبب ان کے قویٰ مضمحل ہونے لگے تو وہ اپنے آپ کو مزید روک نہیں پائے اور اپنی عشقیہ، رومانی شاعری کا اوّلین مجموعہ شایع کر کے اس کا ایک نسخہ از راہِ ستم مجھے بھیج دیا۔ جو شخص کتاب لے کر آیا تھا، کہنے لگا۔ ''صاحب نے سلام کہا ہے اور کہلوایا ہے آپ انھیں فوراً فون کر لیں۔'' میں نے پوچھا۔ ''تمھارے صاحب خود کیوں نہیں فون کر لیتے؟'' جواب ملا۔ ''ان کا موبائیل دو روز سے خراب ہے۔'' ''ان سے کہنا میرے موبائیل میں بیلنس نہیں ہے۔'' میں نے فوراً کہا۔ ستم ظریف کہنے لگا۔ ''صاحب نے پہلے ہی کہہ دیا تھا کہ آپ یہی جواب دیں گے۔ لیجئے میں اپنے موبائیل سے آپ کی بات صاحب کے لینڈ لائن فون پر کرا دیتا ہوں۔''

فون ملا تو دوسری طرف سے نوید صاحب کی آواز آئی۔ ''فیضی صاحب! آپ تو ریاستی ادبی اکادمی کے سکریٹری رہ چکے ہیں، یہ بتایئے کہ اکادمی کا کُل ہند انعام برائے ادبی خدمات پانے کے لئے کیا کرنا پڑتا ہے اور اس پر کتنا خرچ آئے گا؟'' میں نے عرض کیا۔ ''خرچ تو آپ انعام ملنے کے بعد بھی کر سکتے ہیں۔ اکادمی کے سربراہ وزیراعلیٰ ہیں اور وہ فلمی ہستیوں کے بڑے مداح ہیں۔ آپ کسی بڑے فلمی ڈائرکٹر یا ہیرو سے فون کرا دیں، آپ کا کام ہو جائے گا۔'' کہنے لگے ''پہلے میں وزیراعلیٰ کو اپنی کتاب بھجوا دوں، پھر فون کراؤں گا۔'' میں نے مسکراتے ہوئے کہا۔ ''آپ نے کتاب چھپوانے کی خواہ مخواہ زحمت کی۔ انعام کے لئے کتاب کی نہیں، فون کی ضرورت ہوتی ہے اور انعام ملنے کی اطلاع بھی موبائیل فون پر دی جاتی ہے اس لئے اپنا موبائیل فوراً مرمّت کرا لیجئے۔'' پتہ نہیں کیسے اس کے بعد لائن کٹ گئی۔

آپ یقین کریں یا نہ کریں، میں اتنا شقی القلب واقع ہوا ہوں کہ جہاں میں اپنے کسی دوست کے خلاف کسی سے ایسی ویسی، ناقابلِ اشاعت قسم کی باتیں سن لیتا ہوں، میرا دل ترحّم اور

کچھ کھٹے کچھ میٹھے انشائیے 21 مرتب : ادارہ شگوفہ

ہمدردی کے جذبات سے امنڈنے لگتا ہے اور میں فوراً اپنے دوست کا فون ملاتا ہوں۔ ''کہئے، جبار صاحب! دشمنوں کی طبیعت کیسی ہے؟'' اُدھر سے جبار صاحب کی حیرت میں ڈوبی ہوئی آواز آتی ہے۔'' میں بخیر ہوں۔ آپ اپنی سنائیے۔'' میں زور دے کر کہتا ہوں۔''مگر جبار صاحب دشمن آپ کے خلاف غلط پروپگنڈہ کر رہے ہیں۔'' جبار صاحب ہنس کر کہتے ہیں۔''کرنے دیجئے۔ آپ کیوں پریشان ہو رہے ہیں؟'' ''نہیں صاحب! مجھ سے یہ برداشت نہیں ہوتا کہ کوئی میرے دوست کے خلاف اتنی بے ہودہ بات کہے۔'' اچھا، ایسا کس نے کیا کہہ دیا؟'' ان کی آواز سے پریشانی جھلکتی ہے تو مجھے یک گونہ اطمینان اور کسی قدر مسرت حاصل ہوتی ہے۔''وہ زبیر صاحب کہہ رہے تھے کہ آپ نے اپنے عزیز ترین دوست اسلم صاحب کے جمع کئے ہوئے لطیفوں کی ڈائریاں پڑھنے کے لئے لے لیں اور ان سب لطیفوں پر مشتمل کتاب اپنے نام سے چھپوالی۔'' یہ سن کر جبار صاحب جھلّا جاتے ہیں اور میں جھوم اٹھتا ہوں۔ وہ چیختے ہیں۔''بالکل بکواس ہے، ان کے پاس کیا ثبوت ہے؟'' میں سنجیدگی سے کہتا ہوں۔''جبار صاحب! انھوں نے مجھے ثبوت بھی دکھایا ہے!'' وہ چونک کر کہتے ہیں''کیسا ثبوت؟'' میں مسکرا کر عرض کرتا ہوں۔''انھوں نے مجھے مشتاق احمد یوسفی کا ایک مضمون دکھایا جس میں لکھا تھا۔''جولیس سیزر کی رائے یہ ہے کہ دُبلے آدمی کینہ پرور، سازشی اور دغاباز ہوتے ہیں۔''''میں آپ کے خلاف یہ الزام برداشت...!'' فون پٹخنے کی آواز صاف سنائی دیتی ہے۔

قارئین سمجھ ہی گئے ہوں گے کہ جبار صاحب اتنے دبلے پتلے اور منحنی ہیں کہ ہوا کا جھونکا بھی ان کے پاس سے گذرتے ہوئے ڈرتا ہے کہ اس پر تعزیراتِ ہند کی دفعہ 301 اور 302 نہ لگ جائے۔ میں نے تو جبار صاحب کی محبت میں انھیں اطلاع دینا ضروری سمجھا تھا کہ وہ جولیس سیزر کی طرح اپنوں ہی کے ہاتھوں نہ مارے جائیں۔ یہاں مجھے مارک ٹوین کا قول یاد آرہا ہے کہ''آپ کو دلی صدمہ پہنچانے کے لئے ایک عدد دشمن اور ایک عدد دوست کی مشترکہ کوششیں درکار ہوتی ہیں۔ ایک آپ کے بارے میں افواہ پھیلاتا ہے اور دوسرا اس افواہ کو آپ تک پہنچانے کا کام کرتا ہے۔''

ویسے ہمارے دیرینہ دبلے دوست جبار صاحب خاصے متموّل اور خوش حال شخص ہیں۔ انھیں ہر پانچ برس بعد نیا فلیٹ خریدنے اور اسے سجا سنوار کر دوستوں کو دکھانے کا بے حد شوق ہے۔ اب کی بار جب انھوں نے سمندر کے کنارے بڑا سا فلیٹ خریدا اور اس کی آرائش پر اپنی سال بھر کی آمدنی خرچ کرنے کے بعد اپنے دوستوں کو ہاؤس وارمنگ (House Warming) کے لئے مدعو کیا تو مجھے خاص طور پر احساسِ کمتری میں مبتلا کرنے کے لئے بلایا حالاں کہ انھیں ایسا کرنے کی چنداں ضرورت نہیں تھی اس لئے کہ خاکسار ان کے نئے فلیٹ خریدنے کی خبر سن کر ہی اس احساس میں مبتلا ہو چکا تھا۔ مرے پر سو دُرّے کے مصداق، میں ان کے فلیٹ کی سجاوٹ دیکھ کر بیک وقت حیران اور پریشان ہوگیا مگر میں نے اپنے جذبات پر قابو پاتے ہوئے چہرے کو یوں پرسکون بنالیا جیسے یہ میرے لئے روز کا معمول ہو اور یہ غلط بھی نہیں تھا۔ ممبئی جیسے شہر میں آئے دن اس طرح کی آرایش، نت نئے ہوٹلوں، مالز (Malls)، اور ملٹی پلیکس (Multiplex) میں دیکھنے کی عادت سی ہو جاتی ہے۔ منحنی جبار صاحب بڑی محنت سے فلیٹ کے نوادرات دکھاتے رہے۔ کچھ دوست واہ وا بھی کرنے لگے مگر میں نے اپنی آہ کو بھی اپنے سینے سے نکلنے کی اجازت نہ دی اور حسبِ عادت خامیاں ڈھونڈتا رہا جو پتہ نہیں فلیٹ کے کن کونوں میں جا کر چھپ گئی تھیں۔ آخر جبار صاحب سے رہا نہ گیا اور وہ پوچھ ہی بیٹھے۔''کیا بات ہے، آپ کو فلیٹ پسند نہیں آیا؟''

''نہیں ایسی بات نہیں ہے!'' میرے گلے سے میزبان کے جسم جتنی ہی منحنی اور باریک آواز نکلی۔''بات یہ ہے کہ آپ کے کچن کی نچلی درازوں کے ہینڈل زرا باہر کی طرف نکلے ہوئے

ہیں۔کھانا پکاتے وقت بھابھی کو دِقت ہوگی!''

''ہمارے یہاں کھانا پکانے کا کام ملازمہ کے سپرد ہے!'' جبّار صاحب نے تڑ سے جواب دیا۔ مجھ سے کچھ نہ بن پڑا تو کہا۔''کیا آپ کو ایسا نہیں لگتا کہ فلیٹ کی دیواروں کا رنگ، فرنیچر سے میل نہیں کھاتا اور آپ کے صوفہ سیٹ کا سائز ڈرائنگ روم کی مناسبت سے کچھ زیادہ ہے جس کی وجہ سے کمرہ چھوٹا دکھائی دیتا ہے؟'' وہ کہاں ہار ماننے والے تھے۔ فوراً کہنے لگے۔'' بات دراصل یہ ہے کہ دیواروں کا رنگ مہمانوں کے مزاج کے اعتبار سے اور صوفہ سیٹ انھیں کے جسم کی مناسبت سے بنایا گیا ہے۔'' اس پر ایک زوردار قہقہہ پڑا اور میں اپنی توند سنبھالتا ہوا بیٹھ گیا۔ میں سمجھ گیا انھوں نے میرے موٹاپے کو نشانہ بنایا ہے۔ میں نے اپنی خِفت مٹانے کی خاطر کہا۔''جبّار صاحب! آج آپ نے پرفیوم بڑا زبردست لگایا ہے، کہاں سے منگوایا ہے؟'' کہنے لگے۔''میں پرفیوم نہیں لگاتا۔ یہ تو روم فریشنر (Room Freshner) کی خوشبو ہے۔''

میں نے اس رات جبّار صاحب کے پرتکلّف کھانوں کی بھی تعریف نہیں کی۔ کیسے کرتا۔ بمشکل تمام میں نے کھانا زہر مار کیا اور پارٹی سے جلد ہی اٹھ کر چلا آیا۔ میں سمجھ گیا، وہ اب مجھے اپنے فلیٹ پر کبھی مدعو نہیں کریں گے۔ اگلی صبح ان کا فون آیا۔''جناب، میرے ایک عزیز مسقط سے آئے ہیں اور ایک بہت اچھا پرفیوم میرے لئے لائے ہیں۔ یہ میں آپ کو تحفتاً پیش کرنا چاہتا ہوں۔ کسی دن چائے پر تشریف لائیے تو آپ کی نذر کروں گا۔''

وہ جلے پر نمک چھڑک رہے تھے۔ میں کیسے چپ رہ سکتا تھا۔ میں نے جواب دیا۔''نوازش کا شکریہ۔ مگر میں صرف میڈ ان پیرس(Made in Paris) پرفیوم شینل 5 (Channel 5) استعمال کرتا ہوں جس کی قیمت ساڑھے چھ ہزار روپے ہے۔ معمولی پرفیوم سے مجھے الرجی ہے۔''

پچھلے دنوں میرے ایک اور دیرینہ ہمدم اکبر صاحب کے بیٹے کی شادی کا دعوت نامہ بذریعہ ایس ایم ایس ملا۔ پھر ان کا فون بھی آیا کہ دعوت نامے نہیں چھپوائے گئے ہیں اس لئے آپ برا نہ مانئے گا اور شادی میں مع بیگم ضرور تشریف لائیے گا۔ میں نے شرکت کی حامی بھر لی۔ اکبر صاحب بھی خوب مجلسی آدمی ہیں۔ انھیں دعوتیں دینے کا بہت شوق ہے۔''میں نے نیا مضمون لکھا ہے۔ پہلے احباب کو سنانا چاہتا ہوں۔ کل ڈنر پر تشریف لائیے۔'' ''اس مرتبہ عید اور دیوالی ایک ساتھ آرہے ہیں۔ میں نے اس خوشی میں ایک دعوت رکھی ہے۔ کل شام کو گرینڈ ہوٹل آجائیے۔'' ''پرسوں کرسمس ہے۔ میں آپ کی دعوت کرسچن حضرات کی طرح اہتمام سے کرنا چاہتا ہوں۔ آپ آئیں گے نا؟'' ''اگلے ہفتے امریکا میں میرے نواسے کی سالگرہ ہے۔ اس خوشی میں میں نے گھر پر ایک دعوت کا اہتمام کیا ہے۔'' وغیرہ۔

ان کے فون ہر دوسرے مہینے آہی جاتے ہیں۔ مگر میں سمجھتا ہوں کہ دعوتوں کے بہانے وہ اپنی امارت کا رعب گانٹھنا چاہتے ہیں شاید اس لئے کہ وہ کوئی بڑے امیر کبیر بھی درحقیقت نہیں ہیں مگر اپنی شاہ خرچیوں کے سبب امیر دکھائی پڑتے ہیں۔ میں اکثر سوچتا ہوں وہ آئے دن دعوتیں دینے کے بجائے اپنے گھر کا رنگ و روغن کیوں نہیں کرا لیتے تاکہ ان کے در و دیوار سے جو سبزہ اگ رہا ہے، وہ بھی چھپ جائے گا اور ان کی خوشحالی کا بھرم بھی رہ جائے گا۔

اب جوان کے بیٹے کے عقد کا دعوت نامہ ملا تو میں نے حساب لگایا۔ شادی کی تقریب جس ہوٹل میں ہے وہ میرے گھر سے بیس کلو میٹر دور ہے۔ ٹیکسی سے آنے جانے میں پانچ سو روپے اٹھ جائیں گے۔ تحفے میں بھی کم از کم پانچ سو روپے خرچ ہوں گے، اس طرح ایک ہزار روپے یوں چلے جائیں گے اور مجھے شادی کی تقریب کی شان دیکھ کر جو تکلیف ہوگی وہ الگ سہنی پڑے گی۔ مجھے ایک ترکیب سوجھی۔ میں نے ایک معذرت نامہ ان کے نام لکھا، تحفہ کے پانچ سو روپے کا نوٹ اس کے ساتھ نتھی کیا اور لفافے میں بند کر کے اسے کوریر کے ذریعے روانہ کر دیا۔

شادی کی رات ہم نے ہوٹل سے مزے دار بریانی منگوا کر کھائی جس کا بل تین سو روپے کا بنا۔اس طرح میں نے دو سو روپے بچا لئے۔ میں نے سوچا، اکبر صاحب کو میرا تحفہ بھی مل جائے گا اور دو لوگوں کے غیر حاضر رہنے سے ان کے بیٹے کی شادی کی تقریب کا خرچ بھی کم آئے گا کیوں کہ ہوٹل والے مہمانوں کی تعداد کے حساب سے چارج کرتے ہیں۔ پھر ممکن ہے ہمارے نہ جانے سے انھیں کچھ اذیّت بھی ہو جو میرے لئے خوشی کا باعث ہوگی۔ میں نے انھیں معذرت کا فون کرنا بھی غیر ضروری سمجھا۔مگر تقریب کے اگلے روز ہی اکبر صاحب کا فون آ گیا۔ کہنے لگے۔" آپ کے تحفے کا بہت بہت شکریہ۔لیکن آپ تحفے کے بغیر بھی شادی میں شرکت کر لیتے تو مجھے زیادہ خوشی ہوتی۔" میں سمجھ گیا، باتیں بنا رہے ہیں۔ ورنہ حقیقت تو یہی ہے کہ آج کل شادی کے مہمانوں کی قدر ان کے متوقع تحفے کے اعتبار سے کی جاتی ہے جبھی تو ہوشیار میزبان شادی کے رُقعے کے نیچے جلی حرفوں میں لکھ دیتے ہیں۔"براہِ کرم کوئی تحفہ نہ لائیں۔" یہ دراصل اس بات کی یاد دہانی ہوتی ہے کہ آپ تحفہ لانا بھول نہ جائیں اور یہ بھی کہ تحفے کی ضرورت نہیں، نقد سے کام چل جائے گا۔!

زیادہ تر دوست میری باتوں پر (پیٹھ پیچھے) ہنستے ہیں مگر مجھ سے قطع تعلق نہیں کرتے۔ البتہ کچھ بے حد ذہین وفطین قسم کے احباب ہیں جو ترکِ تعلقات کی نیت سے مجھ سے قرض حاصل کرنے کی کوشش کرتے ہیں مگر میں ان سے صاف کہہ دیتا ہوں قرض دینے سے رقم بھی ڈوب جاتی ہے اور دوست بھی چلا جاتا ہے۔ مجھے رقم کے ڈوبنے کا غم نہیں مگر دوستوں سے جدائی برداشت نہیں کر سکتا اسلئے میں کسی کو قرض نہیں دیتا، مجھے معاف فرمائیں۔۔

اب آپ ہی بتائیے، میرے دوستوں کو مجھ سے کون بچائے گا؟۔

ڈاکٹر حبیب ضیا
حیدرآباد

باہر کی دوا، باہر کے نیچے

عقل مند مریضوں نے اس حقیقت سے سمجھوتہ کرلیا ہے کہ جوں جوں عمر میں سے ایک سال کم ہوتا ہے بیماریوں میں اضافہ ہوتا ہی چلا جاتا ہے۔ چنانچہ وہ اس صورت حال سے گھبرا کر نیم حکیم و کمرشیل قسم کے ڈاکٹروں سے رجوع نہیں ہوتے۔ تاہم اس کے باوجود اکثر مریض نئے نئے ڈاکٹروں کے در پر ماتھا ٹیکنے ہی میں عافیت سمجھتے ہیں۔۔

یقین جانیئے ہم چھوٹے، بڑے، منجھلے ہر قسم کے ڈاکٹروں کی بہت عزت کرتے ہیں، قدر کرتے ہیں، دل سے دعا دیتے ہیں کہ انسانیت کی خدمت کے لیے انہوں نے خود کو وقف کردیا ہے لیکن گنتی کے چند لوگ ایسے بھی ہیں جو ڈاکٹر تو ہیں لیکن پیشے اور فرض سے زیادہ پیسے کو سب کچھ مان رہے ہیں یا بعض سرے سے ڈاکٹر ہی نہیں ہیں پھر بھی اپنا کاروبار زوروں پر چلا رہے ہیں۔ اور بعضوں کی ہوا کچھ ایسی چلی ہے روزانہ سینکڑوں مریض ان سے رجوع ہوتے ہیں۔

سنا کہ چند ڈاکٹروں نے روپیہ بٹورنے کے لیے ایسی دوائیں دینی شروع کی ہیں جن پر کوئی لیبل نہیں ہوتا، دواؤں کی کوئی باٹل نہیں ہوتی۔ تیس کیپسول وہ ایک کاغذ میں باندھ کر مریض کو یہ کہہ کردے رہے ہیں کہ یہ باہر کی دوا ہے یہاں نہیں ملتی۔ ظاہر ہے دوا باہر کی ہے تو مہنگی تو ہوگی ہی۔ مریض اللہ شافی اللہ کافی پڑھ کر کیپسول حلق سے اتار رہے ہیں۔ لیکن چند ہی دنوں میں انہیں اللہ یاد آجاتا ہے۔ کیپسول انتہائی نقصان دہ ثابت ہوتا ہے کسی کے جسم میں پانی بھر گیا تو کوئی دوسری شکایتیں لیے پریشان ہے۔ بلا مبالغہ ایک سچے واقعے کی جانب آپ کی توجہ مبذول کی جاتی ہے۔ دو سہیلیاں برسوں بعد ملیں۔ باہر سے آئی دوست نے کہا میں ایک دوا کھا رہی ہوں ایک ہی ہفتہ میں گھٹنے کا درد ختم ہوگیا۔ دوسری نے جب ڈاکٹر کا نام، پتہ پوچھا تو انہیں خود پتہ نہیں تھا۔ انہوں نے صرف اتنی نشان دہی کی کہ میری نند کی دیورانی یہ دوا کھا رہی ہیں۔ ہری مسجد کے بازو، بڑ کے جھاڑ کے نیچے فیروزی ملگی ہے۔ ملگی سے ملی دوا دوست نے استعمال کرنی شروع کی۔ باہر کی سہیلی اپنے مقام لوٹ گئی۔ ایک ماہ بعد اُس نے فون کرنے شروع کیے۔ 'تمہاری طبیعت کیسی ہے' یہاں اللہ کا فضل رہا۔ باہر کی خاتون شدید بیمار پڑیں سہولتوں سے فائدہ اٹھاتے ہوئے دوا کا تجزیہ کیا گیا۔ پتہ چلا کہ اس میں ایک زہریلا مادہ ہے۔ جسم میں جو پانی بھر گیا تھا اُس کے علاج پر کئی مہینے لگ گئے۔ ہزاروں خرچ ہوگئے۔ اس طرح کے تلخ تجربات سے گزرنے کے بعد خواتین ایک دوسرے کو کبھی یوں فون کرتی ہیں۔ وہ...... وہ ٹولی چوکی کی جو دوا تھی فوراً بند کردو۔ میری بہن اللہ کو پیاری ہوگئیں یا پھر...... وہ کالے پیکٹ پھینک دو۔ کئی لوگوں کو نقصان ہورہا ہے۔

ڈرپوک پورہ ...... معاف کیجئے بہادر پورہ کے ایک نام نہاد حکیم ہیں۔ وہ اپنا پتہ کسی کو نہیں بتاتے۔ یہی کہتے ہیں کہ میں مریضوں کو زحمت دینا نہیں چاہتا۔ انہوں نے دن مقرر کر رکھے ہیں مثلاً ہفتہ چنچل گوڑہ، اتوار یاقوت پورہ، پیر دبیر پورہ وغیرہ، بے نام ہمہ رنگ دوائیں ساتھ لیے پھرتے ہیں۔ خدا کی قدرت دیکھئے، لوگوں کا عقیدہ ہے کہ ان کی دوا میں شفا ہی شفا ہے۔ بس دوا خریدتے ہیں اور نہ صرف خود کھاتے ہیں بلکہ غیر شعوری طور پر اشتہار بازی کر کے دوسروں کو بھی ورغلاتے ہیں۔

باہر کی دوا کے ذکر کے ساتھ باہر کے بچوں کا ذکر نہ ہو تو بات ادھوری رہ جائے گی ۔ کیوں کہ ان بچوں کا تعلق بھی ڈاکٹروں ہی سے ہے ۔ رنگ روپ، چال ڈھال اور لباس سے ڈاکٹر اندازہ لگا لیتے ہیں کہ یہ باہر سے آئے ہوئے بچے ہیں ۔ ماں باپ کی پریشانی دیکھ کر بعض ڈاکٹر ان سے بہت ہی خوش اخلاقی سے پیش آتے ہیں لیکن اس خوش اخلاقی میں جو خودغرضی پوشیدہ ہوتی ہے اس سے متعلقین لاعلم رہتے ہیں ۔ ایسے ہی باہر سے آئے ہوئے دو بچوں کا ذکر ہے ۔ جو ناقص غذا کے استعمال سے اچانک بیمار ہوگئے تھے ۔ شہر کے ایک مشہور بڑے دواخانے میں علاج شروع کیا گیا ۔

شہر سے دور اس کم خرچ دواخانے کو ترجیح دینے کی بڑی وجہ یہ تھی کہ اُس دواخانے کے قابل اور سینیئر ڈاکٹر باہر کے بچوں کے پڑوسی تھے ۔ صبح صبح ڈاکٹر کو گھر پر ہی زحمت دینی پڑی ۔ انہوں نے مشورہ دیا کہ بچوں کو دواخانے لائیں ۔ اُس دواخانے کے بستر پر چادر اور تکیے کا پتہ نہیں تھا ۔ تکیہ مانگا تو کہنے لگے چھوٹے بچوں کو تکیہ نہیں دیتے جب کہ بچی کی عمر ۱۴ سال اور بچے کی عمر ۹ سال تھی ۔ دو تین ڈاکٹرس آئے گلوکوس دینے کے لیے سوئی لگادی ۔ اس دوران سل فون کی میوزک نے ڈاکٹر کو متوجہ کیا ۔ اُس نے بچی کو اسی حالت میں رکھ کر فون پر باتیں شروع کر دیں ۔ خون کے کچھ قطرے ہاتھ پر بہہ نکلے ۔ زندہ دل اور ہمت والے بچوں نے فوراً اپنے فون سے تصویر لے کر اس منظر کو محفوظ کر دیا ۔

اس دواخانے کے ڈاکٹروں اور دیگر عملے کے انتہائی ناشائستہ برتاؤ اور دواخانے کی گندگی کو گوارا نہ کرتے ہوئے انہیں شہر کے ایک عمدہ یعنی Nice دواخانے لایا گیا ۔ بچوں کو دیکھتے ہی ڈاکٹر نے اندھیرے میں تیر مارا ' باہر کے بچے لگتے ہیں ' پھر اندازہ لگایا فلاں ہوٹل کا شاورما کھایا ہوگا ۔ اتفاق سے ڈاکٹر کے دونوں تیر نشانے پر لگے ۔ بچے واقعی باہر سے آئے ہوئے تھے اور انہوں نے اسی ہوٹل کا شاورما کھایا تھا ۔ علاج شروع کرنے سے پہلے ڈاکٹر نے یوں مشورے سے نوازا ۔ ' ایسا کریں کہ AC والے ایک بڑے کمرے میں تین پلنگ ڈلوادیں گے ۔ آپ کو بھی آرام رہے گا، عیادت کے لیے آنے والوں کو بھی سہولت ہوگی ' ۔ علاج تو ایک طرف ڈاکٹر نے صرف دواخانے کے اخراجات کی بات کرنی شروع کی ۔ ماں باپ ڈاکٹر کے رویہ کی تاب نہ لا سکے ۔ غصے اور پریشانی کے عالم میں وہاں سے نکل گئے ۔ دراصل ہزاروں کے اخراجات کی ضرورت ہی نہیں تھی ۔ ایک دو دن میں بچے بفضل تعالیٰ مکمل صحت یاب ہوگئے ۔۔

ڈگری یافتہ اور نام نہاد دونوں اقسام کے خودغرض ڈاکٹروں اور حکیموں سے ہم ہاتھ جوڑ کر درخواست کرتے ہیں کہ اپنا بینک بیلنس بڑھانے یا جیب بھرنے کے لیے مریضوں کی زندگی سے کھلواڑ کرنا چھوڑ دیں ۔ ہوسکتا ہے وہ جو سلوک آج مریضوں سے کر رہے ہیں کل ...... یعنی ان کے اوپر چلے جانے کے بعد دوسرے نام نہاد ڈاکٹر ان کے افراد خاندان کے ساتھ ویسا ہی بلکہ اُس سے بدتر سلوک کر سکتے ہیں ۔ غیب کی لاٹھی بے آواز ہے، اس کی مار کو ذہن میں رکھیں ! ۔۔

☆

علیم خان فلکی
جدہ (سعودی عرب)

اشرف المخلوقات کا خطاب واپس لیا جائے

حضرتِ انسان کو سب سے پہلے جس کسی نے بھی اشرف المخلوقات کے لقب یا خطاب سے نوازا، اس نے انجانے میں تمام انسانوں کے لیے ایک مصیبت کھڑی کردی۔ اس میں نہ تو دیگر مخلوقات سے کوئی مشورہ لیا گیا نہ ووٹنگ کی گئی۔ یہ یک طرفہ اعلان تھا، جس کے نتیجے میں احتجاجاً دیگر تمام مخلوقات ''آدمی کوئی ہمارا دمِ تحریر بھی تھا؟'' کا دعویٰ لے کر آج تک انسانوں کو سبق سکھانے پر تُلی ہوئی ہیں۔ آدمی بہت کچھ کرنا چاہتا ہے لیکن قدم قدم پر ارزل المخلوقات اس کا جینا حرام کردیتے ہیں۔ اشرف المخلوقات کی زندگی کا مقصد اب صرف یہ رہ گیا ہے کہ دوسری مخلوقات سے ٹام اینڈ جیری کی طرح ہر وقت لڑتے رہیں اور اپنے اشرف المخلوقات کے لقب کا بچاؤ کرتے رہیں۔۔

واعظینِ محترم انسان کو مقصدِ حیات کا تعیّن کرنے کی نصیحتیں کرتے رہتے ہیں۔ اب اِن واعظوں کو کون سمجھائے کہ مقصدِ حیات پر توجہ دینے کے لیے وقت اور فرصت درکار ہوتی ہے جبکہ اس کا سارا وقت اور توانائیاں تو ارزل المخلوقات سے نبرد آزمائی میں گزر جاتی ہیں ۔ پتہ نہیں وہ کون تھا جس نے اپنے اشرف المخلوقات ہونے پر تکبّر کیا تھا۔ شائد اسی کی سزا کے طور پر سب سے پہلے مچھر اور مکھی پیدا کردیئے گئے۔ اس لیے یہ صبح و شام اشرف المخلوقات کی کبھی پیشانی پر تو کبھی ناک پر اور کبھی گال پر لاتیں رسید کرتے ہوئے فائٹر طیاروں کی طرح گزرتے رہتے ہیں۔ ان کو مارنے کی کوشش میں اشرف المخلوقات خود اپنے ہی گال پر چانٹے رسید کرلیتا ہے۔ مچھر اکثر رات کی شِفٹ میں اور مکھی زیادہ تر دن کے اجالے میں کام کرتے ہیں۔ اشرف المخلوقات نے اگرچہ کہ بڑے سے بڑے بم یا میزائیل کو روکنے کے لیے میزائل ایجاد کرلئے لیکن اتنے معمولی مچھر یا مکھی کو مار بھگانے کا کوئی توڑ ایجاد نہ کرسکا۔ جب کار کے اندر کوئی مچھر یا مکھی گُھس آئے تو اُسے باہر نکالنے کے لیے بے چارے انسان کو کیسی کیسی ترکیبیں استعمال کرنی پڑتی ہیں۔ یہ مکھی ہو کہ مچھر اس کھڑکی سے اُس کھڑکی تک جنگی جہازوں کی ہوائی مشق کی طرح اڑانیں بھرتے رہتے ہیں۔ ان کو پکڑنے کے لیے جیسے ہی آپ نے ہاتھ مارا وہ فوری ایروبیاٹکس کا غوطہ لگا کر پچھلی سیٹ کی روٹ اختیار کرلیتے ہیں۔ گاڑی بازو روک کر دروازہ یا کھڑکی کھول کر ان کو باہر نکالنے کی اگر آپ نے غلطی سے کوشش کی تو یہ باہر تو نہیں جاتے البتہ ہماری کیرالا برادری کی طرح اپنے تمام رشتے داروں اور دوستوں کو اندر بلا لیتے ہیں۔ اس لیے چلتی گاڑی میں ہی ان کو باہر نکالنے کی کوشش کرنی پڑتی ہے۔ ایک ہاتھ میں اخبار یا فون اور دوسرے ہاتھ سے دفاع کرتے ہوئے انہیں ہنکالنے کی کوشش جاری رہتی ہے۔ کبھی ایسا ہوتا ہے کہ وہ تیزی سے کھڑکی کی طرف آتا ہوا نظر آتا ہے اور ہم پوری چالاکی سے کھڑکی کا شیشہ کھول کر انتظار کرتے ہیں کہ اسی رفتار سے وہ کھڑکی کے باہر نکل جائے گا۔ لیکن وہ اشرف المخلوقات سے بھی زیادہ چالاک ہوتے ہیں۔ عین کھڑکی پر پہنچ کر انہیں یاد آجاتا ہے کہ شائد گھر پر کوئی چیز بھول گئے ہیں، فوری واپس پلٹ پڑتے ہیں۔ ہم چٹاخ سے ایک تھپّڑ رسید کرتے ہیں۔ اور خوش ہوکر انگلیاں اور ہتھیلی چیک کرتے ہیں کہ شائد اس کی لاش کہیں چپکی ہوئی ہو۔ اسی دوران وہ B-52 کی طرح زائیں کرتے ہوئے آنکھوں کے سامنے سے گزر جاتے ہیں۔ اسطرح یہ سارا وقت جو کچھ مطالعہ میں یا سوچنے میں یا کوئی کیسٹ سننے میں صرف ہوسکتا تھا ایک مچھر یا مکھی کو مارنے میں صرف ہوجاتا ہے۔ جس طرح ہندوستان یا پاکستان کے جنگی جہازوں کا سارا وقت دوسرے ملک کے جنگی جہازوں کی دراندازی کو روکنے میں صرف ہوجاتا ہے۔

گھر پہنچ کر ذرا کمر سیدھی کرنے لیٹتے ہیں۔فوری ایک عدد مکھی پھر سے ''آؤ آنکھ مچولی کھیلیں'' کہتے ہوئے گزر جاتی ہے۔ اس کو گھور کر دیکھنے تک ایک اور مکھی آ کر سیدھے ناک یا پیشانی پر لینڈ کرتی ہے۔ ہم ایک چانٹا رسید کرتے ہیں لیکن وہ چانٹے کی رفتار سے زیادہ رفتار کے ساتھ سر پر یا کندھے پر منتقل ہوجاتی ہے۔ ہم بیوی سے کہتے ہیں ''پنکھا کھولئے''۔ وہ ہمیں گھورتی ہوئی کہتی ہیں ''بجلی نہیں ہے''۔ ایسے وقت میں تو بیوی بھی اسی مچھر یا مکھی کے خاندان کی کوئی فرد لگتی ہے۔ گرمی کے باوجود ہم چادر یا رضائی اوڑھنے پر مجبور ہوجاتے ہیں لیکن کوئی مچھر پاؤں یا منہ کے راستے اپنا راستہ بنا کر کسی نہ کسی طرح اندر گھس ہی آتا ہے۔ اکثر ایسا بھی ہوتا ہے کہ کرتا کھٹمل ہے اور ہم سارا الزام مچھر کے سر ڈال دیتے ہیں۔ اِدھر ذہن میں کوئی تازہ غزل یا مضمون کی آمد آمد ہے۔ ہم مجبوراً حمام کا رخ کرتے ہیں تاکہ وہاں تنہائی میں بیوی اور مچھر یا مکھی سے دور اپنے خیالات کی کڑیاں جوڑ کر ایک تخلیق کا راستہ ہموار کریں۔ لیکن ابھی پورے بیٹھ بھی نہیں پاتے کہ کسی کونے سے ایک جھینگر منہ نکال کر ہمیں خوش آمدید کہتا ہے اور ہمارے خیالات کا سلسلہ ایک سکنڈ میں تباہ ہوجاتا ہے۔ اب ہم سوچوں کے سلسلے کو روک کر چپل سے یا شاور سے جھینگر کو دفع کرنے میں مصروف ہوجاتے ہیں۔ کسی طرح وہ ہم پر رحم کھا کر بل میں واپس لوٹتا ہے۔ اتنے میں اوپر دیوار پر ایک عدد چھپکلی ہماری توجہ کو برباد کردیتی ہے۔ حالانکہ قدرت نے اسے بیلنسنگ کا ہنر خوب اچھی طرح سکھایا ہے لیکن پھر بھی ہمیں یہ خوف رہتا ہے کہ پتہ نہیں وہ کب ہم پر آ گرے۔ ہم جلدی سے ناڑا باندھ کر اپنے تخلیقی سفر کو منقطع کرکے باہر نکل آتے ہیں۔ باہر نکل کر جو بھی ذہن میں آچکا ہے اسے فوری صفحہ قرطاس پر منتقل کردینے کے ارادے سے جیسے ہی کوئی کاپی نکالنے کے لیے کتابوں کے ڈھیر پر ہاتھ ڈالتے ہیں، پتہ چلتا ہے کہ ٹھیک وہیں چوہے نے اپنا طہارت خانہ بنا رکھا ہے۔ اب اس کی صفائی میں رہے سہے خیالات بھی ناپاک ہوجاتے ہیں۔ اب اللہ میاں سے کون کیسے پوچھے کہ کیا یہی اشرف المخلوقات کا مقام ہے کہ اس قدر اتنے معمولی مچھر یا مکھی، کبھی جھینگر یا کھٹمل، کبھی چیونٹی تو کبھی چوہے مستقل ہماری بے عزتی کرتے رہیں؟ ہمیں ان سے نجات ملے تو پھر کوئی سلیقے کا کام زندگی میں کریں۔ لیکن ہمارا سارا وقت اور توانائیاں ہی نہیں ہماری کمائی بھی انہی کے پیچھے صرف ہوجاتی ہے۔ بچوں کے دودھ پر اتنا خرچ نہیں کرسکتے جتنا کیڑے مارنے والی دواؤں اور اِسپرے پر خرچ کرتے ہیں۔ ہر دوسرے تیسرے روز ڈیڑھ سو روپے کا ایک ریڈ کاٹن خریدنا پڑتا ہے۔ حکومت بھی ان دہشت گرد ارزل المخلوقات سے ملی ہوئی ہے۔ ان کی افزائشِ نسل کا پورا پورا خیال رکھتی ہے۔ بمبئی ہو کہ گجرات، کبھی کسی دہشت گرد کے خلاف ایف آئی آر درج نہیں کروائی جاسکتی۔ حکومت اصل دہشت گردوں کو معصوم انسانوں کو پریشان کرنے کے لیے کُھلا چھوڑ دیتی ہے۔ اگر وہ مرجائیں تو پورے قومی اعزاز کے ساتھ ان کا انتم سنسکار بھی کرتی ہے اور اُن کی پبلک مقامات پر سمادھی بنانے کی اجازت بھی دیتی ہے۔ اور اسی طرح ان مچھروں اور مکھیوں کی بقا و ترقی کے لیے کچھرے کے ڈھیروں، نالیوں اور بارش کے پانی کے نالوں اور کنٹوں کی پوری پوری حفاظت کرتی ہے۔ تاکہ لوگوں کو نہ کُھجاتے رہنے سے فرصت ملے نہ وہ کوئی احتجاج کرسکیں۔ یہ کیڑے مارنے والی دوا کی کمپنیاں بھی حکومت سے ملی ہوئی ہیں۔ اگر بیماریاں نہ ہوں گی تو دوا ساز کمپنیاں بند ہوجائیں گی۔ وزارتِ صحت کا کروڑوں کا بجٹ جو صحتِ عامہ کے لیے الاٹ ہوتا ہے اور منسٹر سے لے کر دوا چھڑکنے والے تک، برابر برابر تقسیم ہوتا ہے۔ وہ تقسیم رک جائے گی اور لوگوں کے بنک بیلنس صفر ہوجائیں گے۔ اگر لیش چوپڑہ جیسے پروڈیوسر ڈائرکٹر معمولی ڈینگو مچھر کے کاٹنے سے مرنا بند ہوجائیں گے تو ہزاروں بلکہ لاکھوں ڈاکٹر بیکار ہوجائیں گے۔ پھر ان کو پچاس پچاس لاکھ جوڑے کی رقم اور جہیز کون دے گا؟

اگر معاملہ صرف مچھروں مکھیوں یا جھینگروں اور کھٹملوں تک ہی ہوتا تو پھر بھی گزارا ہوسکتا تھا۔ ہم رات، ان سے نبرد آزمائی میں

کسی طرح کاٹ ہی لیتے لیکن جیسے ہی دن نکلنے لگتا ہے، نیند گہری ہونے لگتی ہے، پڑوس کا مرغا ڈیوٹی پر آجاتا ہے۔ اور تہجد کی اذان دینا شروع کردیتا ہے۔ جیسے ہی ایک مرغا اذان شروع کرتا ہے کئی سارے مرغے ایک ساتھ شروع ہوجاتے ہیں۔ سعودی عرب کے لاوڈاسپیکر تو تہجد کی اذان کے بعد آدھا گھنٹہ چُپ ہوجاتے ہیں اور فجر کے بعد بند بھی ہوجاتے ہیں لیکن یہ مرغے پتہ نہیں ان کا کون سا مسلک ہے، اشراق تک مسلسل اذانیں دیتے رہتے ہیں۔ ایک کِلو کا پیٹ ہوتا ہے لیکن کِیل کِیل کر ایک ٹن کے فورس سے دو تین گھنٹوں تک مسلسل بانگ دیتا رہتا ہے اور نیند حرام کر ڈالتا ہے۔ اشرف المخلوقات پر اپنے مسلک کو مسلّط کرنے کا یہ طریقہ ہمیں بالکل پسند نہیں کیونکہ اشرف المخلوقات میں پہلے ہی سے اتنے مسالک ہیں کہ کسی مسلک پر تنقید کرنے سے ایک فساد برپا ہوسکتا ہے۔ آپ کبھی نہ نماز پڑھیئے نہ مسجد جائیے یہ ٹھیک ہے لیکن اگر آپ نے کسی ایک مسلک والوں کی مسجد جاکر دوسرے مسلک کے طریقے پر نماز پڑھ لی تو آپ کی خیر نہیں۔ اس لیے اب ہم ان مرغوں کے مسلک پر کوئی تبصرہ کرنے سے ڈرتے ہیں۔ یہ طریقہ بالکل صحیح نہیں کہ ایک آدمی آنکھ نہ کُھلنے کا جواز پیش کر کے سوجانا چاہتا ہے اور یہ مرغے گلے پھاڑ پھاڑ کر اس کے کانوں کو زخمی کر کے نماز پڑھانے پر تُلے ہوتے ہیں۔ بخدا یہ بنیاد پرستی اور دہشت گردی ہے۔ ہم کو سارے مرغے طالبانی یا القاعدہ کے یا متوؤں کی قبیل سے لگتے ہیں۔ لیکن ہم مرغوں کے نقطہ نظر سے سوچتے ہیں تو یہ صحیح بھی لگتا ہے۔ اگر اشرف المخلوقات کو ڈنڈے کے زور پر سیدھا نہ کیا گیا تو یہ کبھی سیدھے نہیں ہوں گے۔ مرغے تو پھر بھی نیک کام کررہے ہیں اب ہم ان کتّوں کا کیا کریں جو مرغوں کے ساتھ ساتھ اپنا بھونکنا شروع کردیتے ہیں۔ پڑوسی کے مرغے کو تو ذبح کیا جاسکتا ہے، لیکن ان کتّوں کو کون ذبح کرے؟ پطرس بخاری کے دور کے شریف کتّے تو صرف رات میں مشاعرے بپا کرتے تھے لیکن اب آبادی میں بے انتہا اضافے کی وجہ سے یہ مشاعرے تو ہماری گلی میں چوبیس گھنٹے چلتے رہتے ہیں۔

اب آدمی سوئے بھی تو کِس طرح؟ بے روزگار کتّوں کو تو ہم نے بلدیہ والوں کو رشوت دے کر گلی سے بھگادیا لیکن ان برسرِ روزگار کتّوں کا کچھ نہیں کرسکتے جو ہمارے کالے انگریزوں نے ترقی یافتہ نظر آنے کے شوق میں پال رکھے ہیں۔ خاندان اور محلّے میں کتنے لوگ بھوکے سوتے ہیں ان کو اِس کا تو ہوش نہیں لیکن کتّوں کی غذا پر ضرور خرچ کرتے ہیں تاکہ صبح شام پڑوسیوں کی زبان کو ''لاحول ولا قوۃ ۔۔'' کے ذکر سے تر رکھیں۔ ان کتّوں اور مرغوں نے ہمارے کانوں کو اس قدر عادی کردیا ہے کہ کسی سفر میں اگر اِن کی آوازیں نہ آئیں تو ہمیں شک ہوتا ہے کہ کہیں ہماری سماعت تو نہیں چلی گئی۔ ہم کسی کان کے ڈاکٹر سے رجوع کرنے کے بارے میں سوچنے لگتے ہیں۔

ایک طرف اشرف المخلوقات ہیں۔ ہم نے انہیں ہزار بار فرائضِ منصبی سے منہ موڑتے دیکھا۔ آفس دس بجے سے ہو تو گیارہ بارہ بجے جانا ان کی شان ہے۔ چھوٹے چھوٹے جھوٹ کہہ کر غائب ہوجانا ان کی عادت ہے۔ جس کام کے لیے ملازم رکھے گئے ہیں اس کام کو رشوت لیے بغیر کرنا ان کی توہین ہے۔ لیکن دوسری طرف کتّے ہوں کہ مرغے، مکھی ہوں کہ مچھر ہم نے آج تک ان کو چھٹی لیتے یا کام پر دیر سے آتے نہیں دیکھا۔ صدیوں کی تاریخ گواہ ہے کہ مسجد کے موذّن یا امام نے غلطی سے تاخیر کردی لیکن کسی مرغے نے ایک سکنڈ دیر سے اذان نہیں دی۔ کسی کتے نے بات بے بات احتجاج کرنے میں تاخیر نہیں کی۔ کسی مکھی یا مچھر نے آپ کا استقبال کرنے میں غفلت نہیں برتی۔ کسی کتے کو رشوت دے کر ہم کچھ دیر کے لیے اس کا بھونکنا بند نہیں کرسکے نہ کسی مرغ نے مرغی پر لائین مارنے کے چکّر میں اپنے فرض سے منہ موڑا۔ جب کہ بڑے سے بڑے اشرف المخلوقات کو ہم نے رشوت یا لڑکی کے زور پر اس کے فرضِ منصبی سے پھرتے دیکھا ہے۔ یہی وجہ ہے کہ یہ مرغے یا کتے کبھی اشرف المخلوقات نہ بن سکے۔ ورنہ حقیقت تو یہ ہے کہ اپنے فرائض کی اس قدر تندہی اور وقت کی پابندی سے ادائیگی کرنے والی مخلوق کو اشرف المخلوقات

کہلانے کا حق ہونا چاہیے تھا۔اب مولوی عبدالحق زندہ نہیں ورنہ ان سے پوچھتے کہ کس نے پہلی مرتبہ انسان کو اشرف المخلوقات لکھا۔ہمیں اس سے سخت اختلاف ہے۔ اشرف المخلوق تو وہ ہونا چاہئے تھا جس کے آگے باقی ساری مخلوقات سرخم کیئے اُس کی سہولت اور آرام کے لیے اپنی ساری عمر گزار دے ۔ یہ کیسی بادشاہت ہے کہ اپنے ہی خدمت گزار درباریوں سے بادشاہ کو ہر وقت برسرِ جنگ رہنا پڑے۔ پھر بھلا وہ کیسے بادشاہت کرے گا؟

صرف جانور یا حشرات الارض نے ہی نہیں موسم نے بھی اشرف المخلوقات کی ایسی تیسی کرنے میں کوئی کسر نہیں چھوڑی۔ آدمی کا جی چاہتا ہے کہ کبھی کسی دعوت میں برسوں سے الماری میں لٹکے ہوئے سوٹ کو پہن کر جائے اور کچھ ساعتوں کے لیے اپنے آپ کو انگریز یا ترقی یافتہ محسوس کر کے خوش ہو، تصویروں میں تعلیم یافتہ نظر آئے لیکن کم بخت گرمی بیچ میں آجاتی ہے اور ٹائی کوٹ اتار کر کسی کرسی پر لٹکانا پڑتا ہے۔عورتیں بے چاری میک اپ پر اتنا پیسہ خرچ کرتی ہیں زیور اور ساڑیوں کی نمائش کی آرزو میں دعوتوں میں جاتی ہیں۔ لیکن سردی بیچ میں آجاتی ہے۔ اور مجبوراً سوٹر یا شال میں ساری نمائش چھپ جاتی ہے۔جس وقت بارش کو ہونا چاہئے وہ اس وقت نہیں ہوتی اور پانی کی قلت شروع ہوجاتی ہے۔حکومت پانی کے پیسے پورے وصول کرتی ہے لیکن نل ہفتہ میں ایک بار آتا ہے۔کبھی ڈیٹنگ طئے ہوتی ہے لیکن عین وقت پر بارش شروع ہوجاتی ہے اور بے چارے عاشق کو کہنا پڑتا ہے کہ ''میں تمہارے لئے آسمان سے تارے توڑ لاسکتا ہوں، ہواوں کے رُخ موڑ سکتا ہوں لیکن اگر بارش نہ ہو تو ملنے آسکتا ہوں''۔

ارزل المخلوقات نے اشرف المخلوقات کو نیچا دکھانے کی یہ ترکیب نکالی کہ اپنے اوصاف انسانوں میں وائرس کی طرح منتقل کرنے شروع کردیئے۔لوگ جھینگروں اور مینڈکوں کی طرح شام ہوتے ہی چائے خانوں اور پان کے ڈبوں کے اطراف گھنٹوں پھدکتے رہتے ہیں۔ جس طرح جھینگر بار بار اپنا اینٹینا درست کرتے رہتے ہیں، اسی طرح یہ لوگ بھی بار بار اپنے سر کے بال جماتے اور ان شرٹ درست کرتے رہتے ہیں۔خدا معلوم کن اہم موضوعات پر گفتگو کرتے ہیں لیکن مصروف نظر آتے ہیں۔ بازو سے نالی بہتی رہتی ہے۔ کچرے کے ڈھیر کی خوشبو سے گلی معطر رہتی ہے پھر بھی کوئی کسی اونچے پتھر پر، کوئی فٹ پاتھ کے کارنر پر، کوئی کسی کار کے بونیٹ پر تو کوئی کسی ٹوٹی میز یا کرسی پر بیٹھا ہر آنے جانے والی گاڑی کے اندر اور باہر تاکتا رہتا ہے۔کوئی کتوں کے بھونکنے کی طرح مسلسل قطع کلامی کرنے کا عادی ہوتا ہے۔ بعض میں چیونٹی اور بچھو کی صفت در آئی ہے۔ وہ پیار بھی کرتے ہیں تو ڈنک مار کر ہی کرتے ہیں۔کسی کو کاٹے بغیر وہ رہ ہی نہیں سکتے ۔نوجوان نسل تو پوری مرغوں پر گئی ہے۔بس اسٹاپ ہو کہ ریلوے اسٹیشن، جہاں بھی مرغی نظر آئے فوری اکڑنا اور بل کھانا شروع کردیتے ہیں۔

بہرحال جس نے بھی ہمیں اشرف المخلوقات کے خطاب سے نوازا ہے وہ یہ خطاب پلیز واپس لے لے۔ ہم کوئی اشرف المخلوقات وشرف المخلوقات نہیں ہیں۔ معمولی مکھیوں مچھروں مرغوں اور کتوں کے آگے بے بس مخلوق ہیں۔اور ہمارا منہ نہ کھلوائیے ۔ کہنے والوں نے تو یہاں تک مبالغہ آرائی کردی کہ مرد اصل میں اشرف المخلوقات سے ہے۔ جب سے یہ عورتوں نے سنا ہے مردوں کے گلے میں بلکہ ناک میں رسی ڈال کر جوت دیا ہے۔ جہاں کہیں یہ ''اشرف صاحب'' آواز نکالتے ہیں وہ رسی ٹائیٹ کردیتی ہیں۔ گھر کے بڑے اشرف بزرگوں کا کام صرف یہ ہے کہ بیٹے یا بیٹی کی شادی میں جاکر شادی خانہ بُک کروائیں، شادی کے رقعے چھپوائیں اور شادی کے دن مہمانوں کو ریسیو کریں۔شادی میں کیا لیا جارہا ہے کیا دیا جارہا ہے ،اس معاملے میں زبان بند رکھیں البتہ بیل کی طرح محنت کرکے کمائیں اور بیگمات کے اخراجات کی پابجائی کریں۔ایسی اشرف مخلوق کو مچھر مکھی یا مرغے کتے سے پیچھا چھڑانا تو پھر بھی آسان ہے لیکن بیویوں سے۔۔؟ ☆

ڈاکٹر سید عباس متقی
حیدرآباد

مکھی کی فریاد

بھائیو! میں ایک مکھی ہوں۔ آپ کے ساتھ آپ کے گھر میں رہتی ہوں۔ آپ مجھ سے لاکھ بیزار سہی لیکن میں ہرگز آپ سے بیزار نہیں۔ ہمیشہ آپ کے قرب و جوار میں اڑتی رہتی ہوں، میری پرواز کوئی پرواز شاہین نہیں کہ آسمانوں کی خبر لاؤں اور پہاڑوں اور چٹانوں میں اپنا آشیاں بناؤں۔ میں کیا اور میرا آشیانہ کیا۔ دن بھر ادھر ادھر ماری ماری پھرتی ہوں، غروب آفتاب کے ساتھ ہی اپنا ٹھکانہ تلاش کر لیتی ہوں۔ دیوار، دیوار کے کیلے، لکڑی کی کھونٹیاں، کپڑے سکھانے کی رسی، ہینگر کے تار، تھم، ستون، چھت، دیوار غرض جہاں موقع ملتا ہے رات بسر کر لیتی ہوں۔ ویسے میری زندگی ہے کتنی، چند گھنٹوں ہی کی تو بات ہے، کہاں مجھے قیامت کے بوریئے سمیٹنے ہیں جو عالی شان عمارتوں اور اونچی اونچی کوٹھیاں تعمیر کرتی پھروں اور چند ساعتی زندگی برباد کرلوں۔ یہ ہوس حیات انسان ہی کو مبارک جو اپنے منھ سے یہ ضرور کہتا ہے کہ ''آگاہ اپنی موت سے کوئی بشر نہیں، سامان سو برس کا ہے کل کی خبر نہیں''، لیکن بناتا ہے ہزاروں سال کی سو سو منزلیں۔ اپنی دو گز کی اس زمین کو بھول جاتا ہے جو اس کی آخری منزل ہے۔ اب تو وہ چاند پر بھی قبضے کی سوچ رہا ہے۔ سوتا صرف ایک کمرے میں ہے اور آرزو ہزار کمروں کی کرتا ہے۔ فلک نما پیالیس سے میری ایک رشتہ دار مکھی میرے یہاں ملاقات کے لیے آئی تھی۔ وہاں کی ہوٹل کی چائے پر لاحول پڑھ رہی تھی اور انسانوں کا محاورہ دہرا رہی تھی، اونچی دوکان پھیکا پکوان۔ جب سے لوگوں کو شکر ہونے لگی ہے ہماری تو چائے کا مزہ جاتا رہا۔ ورنہ ایک زمانہ تھا جب طشتری میں بچی ہوئی چائے پر ہم مکھیاں با جماعت ٹوٹ پڑتی تھیں اور ''چاہ چائے'' کے اطراف بیٹھے، نسوانی ہاتھوں کی بنی چائے کا لطف لیا کرتی تھیں۔ ہمیں ہوش ہی نہیں رہتا تھا کہ کب ماما نے ہمیں ٹیبل سے اٹھا کر چو بچے میں لا پٹخا ہے۔ چو بچے میں بھی تقدیر کا لکھا ہمیں مل ہی جایا کرتا تھا۔ بچے جو معصومیت کے سبب اور بڑے جو ناشکری کے سبب اپنی اپنی رکابیوں میں کچھ چھوڑ دیا کرتے، ہم ان باقیات پر بھنبھناتی اور خدا کی شکر گزاری کے گیت گاتی اور مزے اڑایا کرتیں۔۔

جیسا کہ آپ سب اس بات سے واقف ہیں کہ میری مرغوب غذا میٹھا ہے۔ شکر، شہد، شربت جو کچھ مل جاتا ہے اسی پر جان دیتی ہوں۔ لیکن چوکنا بھی رہتی ہوں کہیں کسی کا آنچل مجھے غرق شربت نہ کر دے۔ حسینوں کے اڑتے ہوئے آنچل مردوں کو غرق محبت اور ہم مکھیوں کو غرق شربت کر دیا کرتے ہیں۔ نازک طبع واقع ہوئی ہوں، ضرب شدید کی کوئی حاجت نہیں، بس ایک پھونک سے اڑ جاتی ہوں۔ میری جبلت میں قدرے شرارت ہے، انسان ہو یا جانور چھیڑنا، ستانا مجھے بہت بھلا معلوم ہوتا ہے۔ آپ نے یہ محسوس کیا ہوگا کہ میں اچانک ہی آپ کی ناک کی نوک پر آبیٹھتی ہوں۔ آپ کتنے ہی خطرناک کیوں نہ واقع ہوں مجھے آپ کی ناک عزیز ہے۔ انسانوں کو تو اب اپنی ''ناک'' عزیز نہیں رہی لیکن مجھے انسانوں کی ناک آج بھی عزیز ہے۔ چنانچہ آپ جھنجھلا اٹھتے ہیں، مجھے اڑاتے ہیں، میں پھر اسی مقام پر آبیٹھتی ہوں جہاں سے اڑائی گئی تھی۔ آپ غصے میں آجاتے ہیں اور پھر مجھے اڑاتے ہیں اور سوچتے ہیں کہ یہ کم بخت مکھی ہے یا رشوت خور پولیس، پھر میں آبیٹھتی ہوں۔ اب آپ تلملا اٹھتے ہیں اور میں

گنگنا اٹھتی ہوں ، ہم نہ جائیں گے قسم لو۔ اگر آپ مجھے کچھ دیر اپنی ناک پر آرام سے بیٹھنے دیں تو بتایئے آپ کا کیا بگڑتا ہے۔ بات بنتی ہے میری تیرا بگڑتا کیا ہے؟ آپ ناک کٹنے والے کام کرتے ہیں اور ناک پر مکھی تک بیٹھنے نہیں دیتے ۔ کیا یہی انصاف ہے ۔ چلئے ناک نہ سہی ، رخسار ! چشم میگوں ، جبین ناز ، ابروے خم دار ، لب شیریں ، کیا کہیں بھی میرا ٹھکانہ نہیں ۔ نیم نرگسی آنکھیں شاعروں ہی کو مرغوب نہیں ہم مکھیوں کو بھی دل و جان سے مرغوب ہیں ۔ شاعر تو محض چشم نیم وا میں ڈوب جانے کی آرزو کرتے ہیں اور ہم تو اگر ، ہمیں موقع ملے تو شرابی آنکھوں میں ڈوب ہی جائیں ۔ جب مکھی خمار آلود آنکھوں میں ڈوبنے کی تمہید باندھتی ہے تو معشوق ستم گار ہڑبڑا کر اٹھ بیٹھتا ہے اور نہایت غیر شاعرانہ انداز سے اپنی آنکھیں ملنے لگتا ہے اور میں تاسف سے ہاتھ ملنے لگتی ہوں ۔ حسینوں کو کیا معلوم کہ حسن کے محض بیس نمبر ہوتے ہیں اور ادا و ناز کے اسی ۔ مجھے سرخ و سفید رخساروں اور نازک اندام نتھنوں سے بہت انسیت ہے ۔ جب بھی موقع ملتا ہے میں ناک کے نتھنوں میں گھس کر بالوں میں الجھ کر دور کی کوڑی لانے کی کوشش کرتی ہوں اور اگر کوئی کوڑی نہیں ملتی تو پھر ناک کے بالوں میں جھولا جھول لیتی ہوں اور مست ہو کر گنگناتی ہوں :

پڑ گئے جھولے ساون رت آئی رے
سینے میں ہوک اٹھے اللہ دہائی رے
پڑ گئے جھولے ساون رت آئی رے

اور پھر واقعی ناک کے نتھنوں سے باران رحمت کی پہلی پھوار میرے پروں کو بھگو دیتی ہے اور میں آب رواں میں بھیگی ہوئی بر آمد ہوتی ہوں ۔ شرمائی اور لجائی ہوئی اڑنے کی تمہید باندھتی ہوں کہ مکھی کا بھیگا بدن بھی جنس مخالف کی دل نوازیوں کا باعث ہوا کرتا ہے ۔ اور میں ہرگز یہ نہیں چاہتی کہ کسی کے قلب نازک پر میرا بھیگا بدن تیر و خنجر چلانے لگے ، کیوں کہ بعد میں یہی چیز وجہ جنگ و جدال ہو جاتی ہے ۔ ہمارے ہاں زر اور زمین وجہ فساد نہیں ۔ میرے بیٹھنے سے آپ کو کوئی زحمت یا تکلیف تو ہوتی نہیں پھر آپ کو مجھ غریب سے اتنا ابا کیسا ؟ ہاں اتنا ضرور ہے کہ قدرے گدگدی سی ہوتی ہے اور گدگدی کوئی ایسی چیز نہیں جو مزے سے خالی ہو۔ ہر گدگداہٹ لطف دیتی ہے ، خواہ وہ انگشت حنائی سے پیدا ہو یا مکھی کے قدوم میمنت سے اور انسان ہے کہ ایک کو گوارا کرتا ہے اور دوسری کو ناگوار خاطر سمجھتا ہے ۔ انسان نے ہمیشہ ہی اپنے بارے میں سوچا ہے ، اپنے ''پڑوسیوں'' کے بارے میں نہیں جو اس کی بغل میں رہتے بستے ہیں ۔ اچھا ذرا دل پر ہاتھ رکھ کر بتایئے کہ میرا وزن ہی کتنا ہے ، ایک دو ماشے بھی نہیں جو بوجھ لگوں ۔ میں کوئی بوڑھا باپ یا ضعیف ماں نہیں جو بوجھ لگنے لگوں ، میں بہت ہلکی چیز ہوں بلکہ اتنی ہلکی ہوں کہ اگر میں آپ کی ناک پر نہ بیٹھوں اور ناک کے علاوہ کہیں اور بیٹھ جاؤں تو آپ کو اطلاع تک نہ ہو کہ کوئی مکھی آپ کے دامن پر بیٹھی اپنے دامن کو داغ دار کر رہی ہے ۔ ہم کہیں بھی اپنے دامن کو داغ دار کر لیتے ہیں ، یہ سہولت غریب انسانوں کو حاصل نہیں ، جنہیں حاصل ہو جاتی ہے وہ جہنم کے حقدار قرار پاتے ہیں ۔ مکھی الگ شے ہے اور انسان الگ شے ۔ انسانوں کو دیکھ کر مجھے احساس ہوتا ہے کہ واقعی جن کے رتبے ہیں سوا ان کو سوا مشکل ہے ۔ اب یہ آپ کا نصیب ہے کہ آپ کو معلوم ہی نہیں ہوتا کہ آپ کتنی مکھیوں کی سواری بنے شان بے نیازی سے گھوم رہے ہیں ، اور آپ کا دامن کتنی مکھیوں کا اجابت خانہ ، نگار خانہ ، نشاط خانہ ، کارخانہ اور زچگی خانہ بن چکا ہے ۔ آپ ہم لوگوں سے کچھ بھی واقف نہیں لیکن ہم آپ کے چپے چپے سے واقف ہیں ۔ ویسے میں بہت خود دار اور راست باز بھی واقع ہوئی ہوں ، ہلکے لوگوں کا احسان قبول نہیں کرتی ۔ ایک دفعہ ایک بیل کے سینگ پر جا بیٹھی اور جب کافی دیر ہو گئی اور بیل کے کوئی جنبش نہ ہوئی تو ہاتھ جوڑ کر کہا کہ حضرت اگر میرے بیٹھنے سے آپ کو کوئی زحمت ہو تو اڑ جاؤں ۔ بیل نے اب سر اٹھا کر ارشاد فرمایا کہ محترمہ مجھے یہ معلوم تک نہیں کہ آپ میرے سینگ پر تشریف فرما بھی ہیں ، شوق سے بیٹھے رہیے ، مجھے کوئی اعتراض نہیں ۔ میں ہلکے لوگوں پر

احسان کرنے کا عادی ہوں۔

آدمی جب خواب خرگوش میں ہو تو میری چاندی ہو جاتی ہے، منھ اٹھائے منھ میں گھس کر جیبھ سے پر جیبھ تک سیر کر لیتی ہوں۔ ایک دفعہ میں نے ایک ضعیف العمر آدمی کو محو خواب بلکہ محو خواب خرگوش پایا، شاید وہ گھوڑے ہی نہیں گدھے بھی بیچ کر سویا تھا۔ فوراً آ ناک پر براجمان ہوگئی، ناک پر بیٹھے بیٹھے جو اکتا گئی تو منھ کی خبر لینے ہونٹ پر آ بیٹھی، بوڑھے کے پپڑی زدہ ہونٹ مجھے کیا خاک لطف دیں گے۔ میں بھی اپنی خالہ زاد بہن شہد کی مکھی کی طرح بہر حال حسن پرست واقع ہوئی ہوں۔ میر نے نازکی اس کے لب کی کیا کہیے، پنکھڑی ایک گلاب کی سی ہے، جن ہونٹوں کے بارے میں کہا تھا ویسے رسیلے ہونٹ مجھے بھی بے حد عزیز ہیں لیکن یہاں کسی کھوسٹ کے مریل ہونٹوں سے سابقہ بلکہ لاحقہ تھا۔ بوڑھا نہایت غیر شاعرانہ انداز میں منھ کھولے پڑا تھا اور اس کے چوکڑے نے نہایت بے دردی سے اپنی جگہ بدل دی تھی۔ گرم سانسوں کی آمد و شد اس کی زندگی پر دال تھی۔ منھ میں گھسنا تو میری عادت ہی ہے، گھس کر ادھر ادھر جو نظر خوش گزر ڈالی تو ہر طرف خاموشی ہی خاموشی تھی، لیکن سیندھی کی کھٹی بو نے میرے پائے شوق کو مہمیز دی اور میں آگے بڑھ گئی۔ علامہ اقبال آفاقی شاعر تھے۔ چلنا چلنا مدام چلنا پر ہم مکھیاں بھی عمل پیرا ہوتی ہیں۔ آگے پر جیبھ کا جھولا تھا اور موقع سے فائدہ اٹھا کر تھوڑا لٹک کر جھول لیا۔ جھولے سامنے پڑے ہوں تو کون کم بخت جھولنا نہ چاہے اور میں کوی بھاری بھر کم مینا کماری نہیں جو کچھ ایسا گانے لگوں، ''پڑ گئے جھولے ساون رت آئی رے، سینے میں ہوک اٹھے اللہ دہائی رے'' ہم مکھیوں کے سینہ کہاں جو سینے میں ہوک اٹھے۔ یہ سینے اور سینے میں ہوک انسان ہی کو مبارک ہو۔ اب جو ملعون کے جبڑوں کو ٹٹولا تو دیکھا کہ بھجیہ کی باقیات چغلی کھا رہی تھی کہ کم بخت نے سیندھی پی کر بھجیہ کھایا ہے۔ میں بھجیہ کی باقیات پر بھوکے شیر کی مانند ٹوٹ پڑی۔ آدمی جو بچاتا ہے وہ ہمارا حق ہوتا ہے اور جو پچاتا ہے وہ بھی ہماری جاگیر ہے، بلکہ جو وہ پچا نہیں سکتا وہ بھی ہمارا منصب قرار پاتا ہے۔ کوئی ہم سے ہمارے رزق کی فراوانی پر حسد نہ کرے کہ مکھی سے حسد انسان کو زیبا نہیں۔ انسان جو آپس میں حسد کر لیا کرتے ہیں کیا وہ کم ہے جو وہ مکھی جیسی معمولی چیز سے حسد کرنے لگے۔

ہمارا مرکزی اجتماع قصاب کی دوکان پر دیکھا جا سکتا ہے۔ ہم مکھیاں ہزاروں کی تعداد میں گھومتی پھرتی ہیں اور کئی ایک تو شہید ہو کر قیمہ میں شامل ہو جاتی ہیں۔ بعض وقت انسان کو جو قیمہ میتھی میں کچھ زیادہ مزہ ملتا ہے اس کا سبب ہماری باقیات سے متعلق ہے۔ تازہ تازہ گوشت کی مہک ہمارے لئے بوئے شامۃ العنبر سے کم نہیں ہوتی۔ رستے ہوئے خون کو ہم لوگ اپنی سونڈ سے چوس لیا کرتے ہیں اور جب مذبوح سے جی بھر جاتا ہے تو ذابح کی خبر لیتے ہیں اور غریب کی داڑھی، مونچھ، گردن پیٹھ، ناک، منھ بلکہ ہاتھ پاؤں پر بسیرا کر لیتی ہیں۔ وہ پریشان ہو کر جو ہمیں اڑاتا ہے بڑا مزہ آتا ہے۔ استقلال کو ہم نے نیتا لوگوں سے سیکھا ہے کیا مجال جو جگہ خالی کریں۔ نہ قصاب دوکان خالی کرتا ہے اور نہ ہم جگہ بدلتے ہیں بلکہ اس کی دوکان بند ہونے کے بعد بھی سیخوں پر ہزاروں کی تعداد میں صبح تک آرام لیا کرتی ہیں۔ دوسرا دن جب آئے گا تو دوسرا ہی رزق لائے گا۔ خدا نے اپنی مخلوق کے رزق کی ذمہ داری اپنے سر لے لی ہے اور انسان ہے کہ بلا وجہ اپنا سر کھپاتا رہتا ہے۔ کیا اسے خدا کے فرمان پر ایقان نہیں یا اس کے ایقان ہی میں جان نہیں۔ کوئی مجھ ہی کو دیدۂ عبرت سے دیکھے کہ صبح سے شام تک ادھر ادھر اڑتی پھرتی ہوں اور تقدیر کا لکھا پا لیتی ہوں۔ لیکن خدا نے ہمیں بھی بے کار نہیں پیدا فرمایا ہے کچھ ہمارا بھی اس کائنات میں حصہ ہے کچھ ہمارے وجود کا بھی منشا ہے۔ ربنا ما خلقت ہذا باطلا۔

انسان اپنے دشمنوں سے پریشان ہے اور یہاں میرے دشمنوں کی بھی کوئی کمی نہیں۔ ایک ڈھونڈو ہزار ملتے ہیں والا معاملہ ہے۔ میرے دشمنوں میں ٹڈے، چھپکلی، مکڑی، گرگٹ اور اللہ میاں کے گھوڑے صف اول کے اعدا روسیاہ ہیں۔ میں کسی

خاموش و مست ومگن اپنی گزشتہ یادوں میں کھوئی ہوئی رہتی ہوں کہ کم بخت چھپکلی پتہ نہیں کہاں سے نہایت خاموشی سے آکر بس ایک جھٹکے سے اپنی زبان باہر کرتی ہے اور مکھی اس کا تر نوالہ ثابت ہوتی ہے۔اور مکڑی تو ہم مکھیوں کی ازلی دشمن ہے کچھ ایسا جال بنتی ہے کہ جس میں مکھی کا پھنسنا ناگزیر ہوتا ہے اور میں جس قدر اپنے آپ کو اس جال سے بچانے کے لئے ہاتھ پاؤں مارتی ہوں اتنی ہی پھنستی چلی جاتی ہوں ۔انسان خود پسندی کے جال میں اس قدر نہیں پھنستا جس قدر مکھی ،مکڑی کے جال میں پھنس جاتی ہے۔انجام کار، بعداز کوشش بسیار میں تھکی ہاری اپنے آپ کو تقدیر کے حوالے کر دیتی ہوں اور پھر گوشئہ عافیت سے زاہد خون خوار یعنی بد ہیبت و بد رو ،ہشت پا مکڑی دبے پاؤں اپنی چال پر نازاں مانند طالبان و طالب جان مجھ غریب پر جھپٹ پڑتی ہے اور اپنی قرطوم خوں آشام میرے اندام نازک میں گھسیڑ کر میرے بدن سے لہو کی آخری بوند تک نوش جان کر جاتی ہے۔لیکن اس کے باوصف اس پر کوئی گناہ نہیں ۔اس کا یہ کیا کرایا اس کے سامنے آنے والا نہیں ،لیکن انسان خبر دار رہے کہ وہ اپنے چشم سر سے خود اپنے کرتوت کو دیدۂ حیرت اور چشم عبرت سے دیکھنے والا ہے۔**فمن یعمل مثقال ذرۃ خیر ایرہ.ومن یعمل مثقال ذرۃ شرا یرہ ۔**

علامہ اقبال نے میری خود پرستی ونرگسیت اور میری عدو جان مکڑی کی جعل سازی وفریب کاری پر ایک خوب صورت اور نہایت سبق آموز نظم لکھ دی ہے جسے بچے بہت شوق سے پڑھتے ہیں لیکن بڑے عبرت نہیں لیتے۔گو اس نظم میں میری ہتک ضرور ہے کہ میں اپنی تعریف سن کر مکڑی کے دام فریب میں گرفتار ہو جاتی ہوں اور آخرش اس کا تر نوالہ بن جاتی ہوں ۔میں سوچتی ہوں کہ کیا انسان مکھی سے کم ہے جو فریب کاروں اور نابکاروں کی چکنی چپڑی باتوں میں آکر اپنی دولت ،عزت وعصمت لٹا بیٹھتا ہے ،اسے ہوس نشاط میں ہوش ہی نہیں رہتا کہ وہ کیا دیکھ اور سن رہا ہے اور کیا کر رہا ہے ۔اور جب قیامت صغریٰ گزر جاتی ہے تو اسے ہوش آتا ہے اور کہہ اٹھتا ہے،اے محبت تیرے انجام پہ رونا آیا،اور میں انسان کی اس کیفیت پر کہہ اٹھتی ہوں ،ہائے اس زود پشیماں کا پشیماں ہونا۔

میں نے اپنی مختصر سی زندگی میں عجیب وغریب نظارے بھی دیکھے ہیں اور لوٹ لوٹ کر قہقہے لگائے ہیں ۔اب یہی دیکھیے جیسا کہ آپ جانتے ہیں کہ آدمی کی ناک پر بیٹھنا میری خوئے کہن ہی نہیں جبلت ازلی ہے ۔اپنی نشست کے لئے آدمی کی ناک سے زیادہ کوئی جگہ موزوں ومناسب معلوم نہیں ہوتی ۔دوپہر کا وقت تھا اور ایک بندر والا جب اپنے تماشے سے فارغ ہوا تو تقدیر نے اپنا تماشہ دکھایا ،غریب قیلولہ کرنے ایک درخت کی چھاؤں میں آ لیٹا۔تھکا ماندہ تھا دفعتہً آنکھ لگ گئی ۔کسی نے سچ ہی کہا کہ غریب کو نیند کے لئے گولی کھانے کی ضرورت نہیں ہوتی وہ فٹ پاتھ پر اخبار بچھا کر سو جاتے ہیں ۔بندر والے کے پاس تو اخبار بھی نہیں تھا کہ اسے ہی بچھا کر سو رہے ۔فرش خاک پر ہی خواب شیریں کے مزے لینے لگا۔جب اس کے خراٹوں نے مجھے خبر کر دیا کہ صاحب میمون نیند میں ہے اور میں مامون ہوں تو بس میری فطرت دیرینہ عود آئی اور میں اڑتی ہوئی آکر اس کی ناک کو مسند عیش بنا ڈالا ۔بندر کو یہ کہاں گوارا تھا کہ مکھی اس کے مالک کی بینی اقدس پر براجمان ہو۔پہلے تو اس نے مجھے گھور کر دیکھا تاکہ میں اس کے رعب و داب ہی سے ڈر کر اڑ جاؤں۔میں نے چنگیز و ہلاکو جیسے بادشاہوں کے رعب وجلال سے گھبرا کر ان حضرات کی ناکوں سے دست برداری کو درخور اعتنا خیال نہیں کیا ہے تو بندر کس شمار میں ہے۔اور میں کوئی حسینہ نہیں جو بندر نگاہی سے گھبرا کر دیدہ ودل سے ہاتھ دھولوں۔اب وہ مجھے اڑانے کی دوسری تراکیب کو روبکار لانے لگا یعنی وہ بھی اپنی نشستوں سے چبوترے گرم کرنے والے بے روزگار نوجوانوں کی طرح مکھیاں اڑانے لگا ۔ بہت ہاتھ پاؤں مارے لیکن میں کہاں اس سے ہار ماننے والی تھی ۔میرے اندر بھی روڈیوں ،بدمعاشوں اور غنڈوں کی خو ہو تی ہے ،جہاں قبضہ جماتی ہوں ،مشکل سے دست بردار ہوتی

ہوں۔ وہ ادھر سے اڑاتا میں ادھر آبیٹھتی اور وہ ادھر سے اڑاتا اور میں ادھر آبیٹھتی ،ایسا جب دو چار بار ہوا تو بندر کو غصہ آگیا ، بندر بہت جلد غصے میں آجاتے ہیں ۔غریب جھنجلاتا ہوا اٹھا اور ایک بڑا سا پتھر لایا اور نہایت غضب ناکی کے عالم میں تاک کر مجھے مارا ۔ماضی بعید میں جو پتھر لیلیٰ کے عاشق نامراد پر برسائے گئے تھے شائد یہ وہی سنگ آخریں تھا ۔میں تو اڑگئی لیکن فضائے بسیط میں ایک عدد مردانہ چیخ نے جنم لیا ۔بندر والے کی ناک سے گرم گرم خون ٹپکنے لگا اور میں بار دیگر اس کی زخمی ناک پر آبیٹھی اور اپنی ناک پر انگلی رکھ کر سوچنے لگی کہ واقعی نادان کی دوستی جی کا جنجال ہوا کرتی ہے۔

شاید بہت کم لوگوں کو یہ بات معلوم ہے کہ میرے ایک پر میں زہر اور دوسرے پر میں تریاق ہوتا ہے ۔اگر میں ماکولات و مشروبات میں گر پڑوں تو مجھے بغیر کسی کراہت کے ڈبو کر پھینکنا چاہیے یہی اسلامی تعلیم ہے۔ ہر مخلوق کو اپنی خلقت کا قلق ہے، جب انسان باوجود یہ کہ وہ اشرف المخلوقات ہے ، یہ کہنے سے نہیں رہا کہ ''ڈبویا مجھ کو ہونے نے ،نہ ہوتا میں تو کیا ہوتا'' تو اب ہم حشرات الارض کے لئے رکھا ہی کیا ہے اور کیوں نہ ہمیں قلق ہو۔اشرف جب اپنے وجود سے ملول ہے تو ارزل کو حق ملال کچھ زیادہ ہی حاصل ہے ۔میں بھی اکثر ملول رہتی ہوں لیکن میرا ملال وجہ تخلیق نہیں بلکہ عدم اتصالِ وجہ تخلیقؐ ہے ۔ مجھے قلق و ملال اس بات پر ہے کہ میں نے سارے ہی انسانوں کے ابدان کو مس کیا ہے لیکن انسان واجنا کے سردارؐ کے بدن اقدس کو چھو نہ سکی اور میں اسی باعث ہر دم کف افسوس ملا کرتی ہوں ۔۔

☆

ڈاکٹر فرزانہ فرح
بھٹکل

خواب تھا جو کچھ کہ دیکھا

ماہِ تمام کی برنائیوں کو خوب اپنے اندر تک ،قلب و روح میں جذب کر کے ہم نے اپنے شبستان کا رخ کیا۔ نیند کی تتلی نے ابھی پلکوں کے کواڑوں پر دستک نہ دی تھی۔ تضیع اوقات کی خاطر سرہانے دھری محمد حسین آزاد کی کتاب کھولی۔ "مصیبتوں کا تبادلہ" کا مطالعہ کرتے کرتے ہم خوابوں کی حسین وادیوں میں کھو گئے۔ کچھ دیر بعد لاشعوری طور پر خود کو اسی وسیع و عریض میدان میں پایا جس کا تصور محمد حسین آزاد نے بخشا تھا۔

کیا دیکھتے ہیں کہ دفعتاً آسمان کی رفعتوں سے نور و نکہت کا سیلاب امڈ پڑا۔ بصیرتیں بے اعتمادی کا شکار ہوگئیں۔ ایک تجلی کا کوندا لپکا اور ہماری آنکھیں خیرہ ہوگئیں۔ بدحواسی نے پیر پھیلا کر ہمیں بے ہوش کرنا ہی چاہا تھا کہ یکا یک توجہ کا مرکز دوسری سمت ہوگیا ،جہاں حسین و جمیل حوریں آسمان کے زرق برق شامیانے سے نکل کر چاند کی کرنوں کی سیڑھی بنائے چھم چھم زمین پر اتر رہی تھیں۔انہیں کے پیچھے نہایت پر وقار،نورانی شکل والے سفید براق فرشتے، ہاتھ میں تسبیح لئے ،پر پھیلائے زمین پر وارد ہوئے ۔ اچانک عقب سے ایک آواز گونجی۔" تمام مجرم شعرا کو حاضر کیا جائے"۔ اس گونج کے مکمل ہوتے ہی دو روبوٹ جیسی حرکات و سکنات والے فرشتے اٹھے اور ایک کثیر تعداد شعرا کی میدان میں ہانک کر لائی گئی ۔ان کے قریب آتے ہی تمام چہرے شناسا ثابت ہوئے ۔کئی شاعر اور شاعرہ سر بہ گریباں ،تھکے ماندہ ،اپنے اپنے مجموعہ ہائے کلام اور تصنیفات کی گٹھریاں اٹھائے ،ہانپتے کانپتے چلے آرہے تھے۔غیب سے ندا آئی"۔ ان کا بوجھ سر سے اتار دیا جائے"۔۔سب کے دیوان کا بوجھ زمین پر ایک پہاڑ کی صورت اختیار کر گیا۔غیب سے کلام جاری رہا۔" وہ فرشتے حاضر ہوں جو عمر بھر انسانوں کے اعمال نیک و بد کا حساب رکھتے تھے۔ فرداً فرداً ہر شاعر کو بلایا جائے اور ان کی شاعری کے اسقام سمیت اس جلسے کی غرض وغایت پر روشنی ڈالی جائے۔"

ایک سپاٹ چہرے والا فرشتہ منہ ہی منہ میں کچھ بدبداتا ہوا آیا۔خدا کے نور کے سامنے سر بہ سجود ہو کر اپنی عبدیت کا اظہار کیا۔ پھر با آواز بلند بولا۔" آج کا جلسہ تمام مقبول و معروف شعرا کو معنون ہے۔اس جلسے میں چند شعرا کے کلام کی وہ خامیاں بیان کی جائیں گی جو نوع انسانی کے لیے قابل آزار ہیں ۔ اوصاف کا بیان اس لئے نہ ہوگا کہ یہ شعرا اپنی شاعری کا خود ہی ڈھنڈورا ساری زندگی پیٹتے رہے۔مشاعروں میں بڑھ چڑھ کر۔"۔داد دیجیے گا،اپنا یہ شعر مجھے بے حد پسند ہے،سخن فہمی کا ثبوت پیش کیجئے گا ،فکر کے سرمائے کی حفاظت کیجئے گا"۔۔۔کہہ کہہ کے اپنے منہ میاں مٹھو بنے۔ یہی نہیں اپنی تصنیفات کے کل صفحات سے زیادہ تصنیفات پر تبصرے لکھوا کر خود کو جبراً وقہراً مقبول و معروف ثابت کیا۔آج روزِ حساب ہے،اس لئے ان کے کلام پر گرفت ہوگی ۔ چونکہ اسی قبیل کا ایک شاعر غالب عرصہ قبل سلطان الافلاک سے اپنے اعمال نامے کی خاطر جنگ کر چکا ہے اور ہم معصوم فرشتوں کے حساب کتاب کو " آدمی کوئی ہمارا دم تحریر بھی تھا "، کہہ کر رد کر چکا ہے۔اس کے بعد سے ہم بہت محتاط ہو گئے ہیں۔اسی نکتہ کے پیش نظر ہم نے اب بہ قلم خود ،بہ زبان خود جو شاعر نے کہا ہے اسی پر گرفت کی ہے۔اس سلسلے کی پہلی کڑی ہیں محترم ندا فاضلی ۔۔

ندا فاضلی یہ سنتے ہی اپنے منہ میں لا تعداد دفعہ چوسے گئے پان کو دانتوں کی چکّی سے مزید مہین پیستے ہوئے ،فارغ البال سر پر ہاتھ پھیرتے سامنے آئے ۔فرشتہ نے کہا" ندا فاضلی پر الزام ہے کہ انھوں نے روتے بچوں کو چپ کرانے کے بہانے مسلمان بھائیوں کی نمازیں قضا کرائیں۔ طالب علموں کو کتاب سے متنفر

کرتے ہوئے دھوپ میں نکلنے اور گھٹاؤں میں نہانے کی ترغیب دیتے ہوئے SUN SCREEN LOTION کے لیے مارکیٹنگ کی۔سورج کو آسمان سے اٹھا کر مرغ کی چونچ میں پھنسا کر مرغے کو بانگ دینے سے مرحوم کر دیا۔البتہ زمین کے پورے لینڈ اسکیپ کو" جہاں بھی جاوئیں یہ لگتا ہے تیری محفل ہے " کہہ کر P.W.D والوں کی نیندیں حرام کر دی ہیں۔تب سے محکمہء اراضی والے بیدار ہو چکے ہیں اور مختلف مٹھ اور سادھوؤں کو عطا کردہ خطہء ارض پر کارروائی کا اہتمام ہونے لگا ہے۔

اگلا نام جو پکارا گیا وہ جون ایلیا کا تھا۔جون ایلیا مضبوطی سے قدم جماتے آئے۔ مبادا ہوا میں ہلکے تنکے کی مانند نہ اڑتے پھریں۔فرشتہ گویا ہوا۔۔۔" جون ایلیا نہایت بدسلیقہ اور بے ڈھنگے انسان ہیں۔ان کے کمرے میں بقول ان کے " کتابوں کے سوا کچھ بھی نہیں" حد یہ کہ خود انہیں بیٹھنے اٹھنے کے لئے جگہ نہیں۔اس لئے خانہ بدوشی کا ہنر سیکھ لیا ہے اور اسی در بدری پر دوسروں کر یہ کہہ کر اکساتے ہیں " جہاں رہیو وہاں اکثر نہ رہیو " ۔ان کے جسم پر گوشت نہیں ہے اور رگوں میں خون بھی نہیں پایا جاتا۔' باوجود اس کے خون تھوکنے کا دعویٰ ہر تیسری غزل میں یوں کرتے ہیں میں ہنر مندِ رنگ ہوں میں نے خون تھوکا ہے داد پائی ہے۔'

غور کرنے کی جا ہے کہ جس کے اپنے پاس خون نہ ہو، وہ ضرور دوسروں کا خون چوستا ہوگا۔تب جا کے خون تھوکنے کی باری آئے گی۔اب دیکھنا ہے کہ یہ کس کس کا خون پی چکے ہیں اور اس کے بھی امکانات پائے جاتے ہیں کہ انھوں نے کسی BLOOD BANK میں ڈاکہ ڈالا ہو، یا بفرضِ محال یہ بھی نہ ہو تو یہ ضرور ڈریکولا یا خونخوار چمگاڈروں کی قبیل سے ہیں۔ اپنے اشعار میں ناف پیالہ اور ناگفتنی نسوانی اعضا کے تعلق سے ڈھیلے ڈھالے شعر کہہ کر عام قاری کے کیرکٹر ڈھیلے کیا کرتے ہیں۔اخلاقیات کی رو سے یہ قابلِ گرفت ہیں۔

فرشتوں کی ٹولی نے ایک خوبرو گٹھیلے بدن والے خوش پوش شخص کو آگے کیا۔ نامہء اعمال پڑھنے والا فرشتہ کہنے لگا۔۔" شاعر انقلاب اور شاعر شباب کہلانے والا یہ شاعر ملیح آباد میں رہا کرتا تھا۔جوانی کے جوش میں اس نے اپنے ہی تعلق سے ڈھنڈورا پٹوایا کہ یہ بلند مرتبت ہیں۔ان کی وجہ سے شاعری کے کینوس میں وسعت پیدا ہوئی۔ سچ تو یہ ہے کہ انھوں نے اتنے سارے الفاظ لغت سے مستعار لئے ہیں کہ ڈکشنری سمٹ گئی ہے۔ طالبِ علم تو کجا اساتذہ تک لغت سے دو دو ہاتھ کرتے نظر آتے ہیں۔انھوں نے ایسی نظمیں اور غزلیں لکھیں ، جن کو نصاب میں شامل کر کے نصابی کمیٹی والے نیز ممتحن حضرات نے توبہ پڑھ لی۔سورۂ رحمان کا اس مشاقی سے منظوم ترجمہ پیش کیا کہ طلبا سوالوں کے جواب میں سورہ رحمان کا خالق جوش ملیح آبادی قرار دیتے ہیں! انھوں نے ایسے اشعار تشکیل دیے ہیں جن پر سوالیہ پرچہ ترتیب دینا مشکل ہوتا ہے۔مثلاً

شعر کیا؟ کچھ سوچنا دل میں بہ لحنِ دل نشیں
شعر کیا؟ ہر چند کہہ کر کچھ نہ کہنے کا یقین

یعنی سوال مکمل ہونے سے قبل جواب سے بھی فوری طور پر خود ہی نواز دیتے ہیں۔اس پر افسوس یہ کہ بے تکان بول کر کم گوئی کا تاثر اس طرح دیتے ہیں۔۔۔

تیرا دریا نطق کی وادی میں بہہ سکتا نہیں
آدمی محسوس کر سکتا ہے کہہ سکتا نہیں

باوجود اس کذب کے ان پر الزام ہے کہ انھوں نے اپنے تخیل کی بلندی اور امیجری کا سہارا لے کر ایسے ایسے پیکر تراشے ہیں کہ الف لیلیٰ کے فسانے بھی ان کے سامنے سرنگوں ہیں۔کرشماتی طور پر اپنی اور ملک کی دوشیزاوں کی شرم وحیا کو تھپک تھپک کر سلایا۔اس کے عوض ہیجان انگیزی اور سستی جذباتیت کو اکساتے ہوئے نعرہ لگایا۔۔۔''بیدار ہو ، بیدار ہو ، بیدار ہو''۔عورت کی رعنائی و زیبائی میں یوں رطب اللسان ہوئے کہ حوروں تک کے SELF RESPECT کو ٹھیس پہنچائی

حوریں ہزار دل سے قربان ہو گئی ہیں
رنگینیاں سمٹ کر انسان ہو گئی ہیں

ان کے والد ماجد تا عمر اپنے مقروضوں کے سامنے آنکھیں جھکائے رہتے کہ کہیں مقروض شرمندہ نہ ہو، تاہم اس ڈال کے یہ پات، جنھوں نے یادوں کی بارات لکھ کر کئی نازنینوں کو سر اٹھانے کے قابل نہ چھوڑا۔ اتنی قابلِ رشک یادداشت کے باوجود ریل میں سفر کے دوران جنگلوں میں کسی حسینہ کا دیدار ہوتے ہی جھٹ گاڑی سے اتر پڑتے اور اس کی ثنا خوانی شروع کر دیتے۔ انڈین ریلوے یوں بھی تاخیر پسندی کے باعث بدنام ہے، اوپر سے ان کے چونچلوں میں انتظار کر کر کے آخر ان کو جنگل کے حوالے کرتی ہوئی ٹرین دوسرے مسافروں کو لے کر نکل پڑتی۔ اس حرکت پر انھیں کوئی ندامت نہیں ہوتی۔ الٹا ان کی یہ توجیہہ ہے:

اے حسن اگر عشق خریدار نہ ہوتا
یہ غلغلہء گرمیءِ بازار نہ ہوتا

سینکڑوں عشق کرنے کے باوجود اپنی بیوی کو الگ شیشے میں اتارے رکھا۔ عمر بھر پانچوں انگلیاں گھی میں رہیں لیکن کفِ افسوس ملتے رہے کہ " حسرت نکل گئی تو ہے ناکامیاب دل" اس ناکامی کے پردے میں آباواجداد کی پگڑی اچھالتے رہے۔

اس کے بعد فیض احمد فیض کا نام پکارا گیا۔ فیض صاحب اپنے چھوٹے قد اور تنی گردن سمیت سوٹ بوٹ میں بے نیازانہ حاضر ہوئے۔ فرشتے نے کہا،" فیض پر الزام ہے کہ انھوں نے ایک بھولی بھالی دوشیزہ جس کا نام صبا تھا اس پر ظلم کر کے ناری اتیاچار کی زندہ مثال قائم کی۔ پہلے تو اس کے کوچے میں جا کر بہانے بہانے سے ادھر ادھر کی بات کر کے دن سے رات کی، پھر ایک روز اس کے مخروطی انگلیوں والے نازک ہاتھ کو دیکھ کر سدھ بدھ گنوا بیٹھے اور فرمایا:

تیرا سرمایہ، تیری آس یہی ہاتھ تو ہیں
کچھ نہیں اور تیرے پاس یہی ہاتھ تو ہیں

یہ کہہ کر صبا کے ہاتھوں کو پتھر کے نیچے پھنسا کر چل دیا۔ یوں" دستِ صبا کو" دستِ تہہ سنگ " کر دیا۔ جب اس بچاری لڑکی کے ہاتھ خوب اچھی طرح کچل چکے تو ایک ظالم سرجن کا روپ دھار لیا اور جراح کا کردار ادا کرتے ہوئے لمبا سا خنجر لے آئے۔ اس کو دھمکاتے ہوئے کہا۔"۔تیرے آزار کا چارہ نہیں نشتر کے سوا" ۔لڑکی نے اپنے کچلے ہاتھوں کو آنچل میں چھپانے کی کوشش کی تو یہ کہہ کر ڈرانے لگے:

تم ناحق ٹکڑے چن چن کر دامن میں چھپائے بیٹھی ہو
شیشوں کا مسیحا کوئی نہیں ، کیا آس لگائے بیٹھی ہو

اسی طرح فیض" گاہ گاہ جنوں اختیار کرتے رہے"۔ حد تو یہ کہ محفل میں کچھ چراغ فروزاں کرنے کے لئے نہ صرف چراغوں میں تیل ڈالا بلکہ اس میں بھی اپنے دل و جان اور لہو کی آمیزش کر دی اور ساری فضا میں دھواں پھیلا کر فضائی آلودگی بکھیر دی۔ اور تو اور "یاں پربت پربت ہیرے ہیں یاں ساگر ساگر موتی ہیں" کہہ کر سارے نوجوانوں کو تخریب کاری پر متحرک و فعال کر کے ساری زمین کے NATURAL RESOURCES کا ستیا ناس کر ڈالا۔ اتنے گناہ کرنے پر بھی ان کا دل نہ بھرا تو خدا کو" دیکھے ہیں ہم نے حوصلے پروردگار کے" کہہ کر شرمندہ کرنے کی کوشش کی ہے۔

اس کے بعد احمد فراز کی باری آئی۔ احمد فراز نہایت حسین و جمیل شخصیت کے ساتھ وارد ہوئے۔ فرشتہ فردِ جرم پڑھنے لگا۔ "احمد فراز ایک PSHYCHOLOGICAL MEDICAL CASE ہیں جو "خود اپنی طبیعت سے تنگ ہیں"۔ کیونکہ ان کی طبیعت ہمیشہ خراب رہتی ہے۔ نتیجہ یہ کہ ان کے بدن پر کئی زخم، پھوڑے، پھنسیوں نے جگہ بنا لی ہے۔ DETOL یہ استعمال نہیں کرتے، علاج معالجہ نہ گھر پر کرتے ہیں نہ اسپتال جاتے ہیں۔ ان کو بس یہ خطرہ لاحق ہوتا ہے کہ " میرے زخم بھر نہ جائیں کہیں"۔ اس طرح جراثیم اور بیماریوں کو پال پوس کے بڑا کرتے ہیں اور اس کو معاشرے میں پھیلانے کا جرم کرتے ہیں۔ خود ہی کہتے ہیں۔۔۔"میں زخم زخم ہوں پھر بھی گلے لگاؤں اسے"۔ یہی نہیں، جو بھی خون اور پیپ ان زخموں سے رستا ہے اس کو دوسروں کے جسم پر مل دیتے ہیں۔ دیکھیئے اس کا جواز بھی پیش

کرتے ہیں کہ "خون مل کے بھی چہروں کا رنگ پیلا ہے۔" اسی پر بس نہ کرتے ہوئے انہوں نے TRAFFIC کے قوانین کی بھی خلاف ورزی کی ہے۔ کیونکہ یہ لب سڑک جا کر " اوروں کو دکھاتے ہیں چراغ"۔ آنے جانے والی گاڑیوں کے ڈرائیوروں کو بد دعا دیتے ہیں۔ "۔اس چکا چوند میں آنکھیں بھی گنوا بیٹھو گے"۔

جب انہیں نابینا کرنے کی حسرت پر بھی دل میں ٹھنڈک نہیں پڑی، تو اپنی جواں سال، خوبرو کم سن محبوبہ کو بھری سڑک پر لے آتے ہیں۔ انجان بن کے "سنا ہے سنا ہے" کی گردان کرتے ہوئے بیس اشعار کی ایک نظم لکھ مارتے ہیں اور اپنے محبوب کے حسن کا دعویٰ یوں کرتے ہیں۔۔۔

رکے تو گردشیں اس کا طواف کرتی ہیں
چلے تو اس کو زمانے ٹھہر کے دیکھتے ہیں

زمانہ ٹھہر ٹھہر کے بھری پری سڑک پر دیکھنے لگ جاتا ہے اور ٹریفک خطرناک حد تک جام ہو جاتا ہے۔ آمد و رفت میں اتنا رخنہ پڑتا دیکھ چالان کٹ نہ جائیں کہیں، اس لئے خود دور مقام پر کھسک لیتے ہیں اور وہاں پہنچ کر جاہل گنوار عورتوں کی مانند مٹھیاں بھینچ بھینچ کر سڑک والوں کو بد دعاوں سے نوازتے ہیں۔ " اب کوئی حادثہ ہی تیرے روبرو کرے۔"

اس کے بعد جاں نثار اختر کو بلایا گیا۔ کرتے پاجامے میں جاں نثار جان ہتھیلی پر لئے حاضر ہوئے، فرشتہ بولنے لگا۔۔۔۔ "جانثار اختر زبردستی لڑکیوں کے عقیدوں اور مذاہب میں انقلاب لانے کے خواہاں ہیں"

دیکھوں جو تیرے ہاتھ تو لگتا ہے تیرے ہاتھ
مندر میں فقط دیپ جلانے کے لئے ہیں

کہہ کر معصوم لڑکیوں میں بت پرستی کے جذبات بھڑکانے کی کوشش کی ہے۔ اس میں وقت گزاری نہ کر پائے تو ٹائم پاس کرنے کے لئے سلمان خان کے ساتھ جنگل میں شکار کرنے چلے گئے۔ دونوں نے جنگل میں کالے ہرن کو دیکھا۔ انہوں نے لفظوں کے تیر سے۔۔۔ "ہم سے بھاگا نہ کرو دور غزالوں کی طرح" کہہ کر ہرن کا شکار کر لیا مگر پکڑا سلمان خان گیا۔ آج تک بے چارے پر کیس چل رہا ہے، جب کہ یہ Forest Rangers کی زد سے محفوظ ہیں۔ ہرن پر ہاتھ صاف کرنے کے بعد سوچا کہ چلو شاعری کے علاوہ سائیڈ بزنس شروع کیا جائے۔ شاعری کے میدان سے نکلے اور سیدھے DRESS DESIGNER بن بیٹھے، وہ بھی نقاب کے۔ مارکیٹ میں انواع و اقسام کے نقاب لانچ کر ڈالے اور علی الاعلان بغیر کسی معاوضے کے اشتہار بھی یوں کیا:

وطن سے عشق، غریبی سے بیر، امن سے پیار
سبھی نے اوڑھ رکھے ہیں نقاب جتنے ہیں

اس فیلڈ میں ان کو اتنا نفع ہوا کہ نہ صرف اِدھر اُدھر گھر، زمین، جائیداد بنالی بلکہ Under Ground کیا Under Water مکان بنا ڈالا۔ اور اکڑ کر اعتراف کیا کہ گرمی کی تعطیلات میں " ہم لوگ تو اکثر تہہ گرداب رہے ہیں "۔ یوں انکم ٹیکس والوں کی آنکھوں میں دھول جھونکتے رہے۔

دو فرشتے بغل میں ہاتھ دیئے، ایک ناتواں شاعر کو لے آئے جس کی آنکھوں سے اشکوں کا سیلاب امڈا پڑتا تھا۔ اس کے متعلق اعلان ہوا۔۔۔" یہ وہ تنہا بیٹھ کے رونے والا لاہور کا میر ہے جسے موسم یاد کی اداس ہوا چین سے بیٹھنے نہیں دیتی۔ جو "اپنی دھن میں رہتا" ہے۔ جسے یہ زعم رہا۔۔۔" سخن کدہ مری طرز سخن کو ترسے گا"۔۔قدرت اور قسمت کا قصور اس میں کم تھا کہ انھیں مسرتیں نصیب نہ ہوئیں۔ ان کی حرکتیں ہی ایسی رہیں کہ۔۔" خوشی کو شریکِ ملال رکھا"۔ دعایئں کیا اپنے حق میں خود یہ بد دعا کرتے اور دشمنوں کو شاد کرتے۔۔۔" دل کے لیے درد بھی روز نیا چاہیئے" ۔۔۔اپنی ذمہ داری پر انھوں نے ۔۔۔"سکھ دے کر دکھ مول لیا"۔ اس اناڑی پن سے واضح ہے کہ BUSINESS MINDED بالکل نہیں تھے۔

انھیں محبوب کی۔۔۔"ذرا سی بات بہت دیر تک رلاتی تھی" ۔۔۔اس کے باوجود شرم و حیا کو طاق پر رکھ کر شہر ستمگر کا رخ

کرتے۔ یادگار کے طور پر گلی کے پتھر اور کوچہء خاک دلبر کو بار بار لے آتے۔ LAND MAFIA کو جونہی بھنک پڑی انھیں دھمکیاں موصول ہوئیں۔ ڈر کے مارے اعلان کر دیا۔۔۔"اب اس گلی میں بھی ہم ڈرتے ڈرتے جاتے ہیں"۔۔۔ڈرتے تھے مگر جانے سے باز نہ آئے۔ جا کر دیکھتے کہ ان کے محبوب کو TECHNI COLOUR (رنگ رنگ) کے لوگوں نے گھیرا ہے۔ان کا حرفِ سادہ کسی شمار میں نہیں، تاہم ذرا رنگیں بیانی سے کام نہ لیا۔اندازِ سخن بدلنے پر آمادہ نہ ہوئے۔محبوب کے تغافل سے بددل ہو کر کپڑے بدلنا، بال بنانا، نہانا جیسے مہذب اعمال سے کنارہ کشی اختیار کی۔ ان کے " گھر کی دیواروں پر اداسی بال کھولے " سونے لگی۔ ان بالوں سے کئی جوئیں برآمد ہوئیں اور ناصر کے کپڑوں اور بالوں میں پناہ گزین ہوگئیں۔ بدبو اور گند سے بستی کے لوگوں کا جینا حرام کر دیا۔لوگوں نے انھیں جلاوطن کرنے کی ٹھانی تو اکڑ دکھانے لگے۔۔۔"میں باہر جاوں کس کے لئے"۔۔۔لوگوں کے مکرر اصرار پر مرنے مارنے پر آمادہ ہوتے ہوئے کہا۔ "تمام شہر میں تنہائیاں بچھا دوں گا"۔۔۔۔بے چارے افغانی قالین والون نے بیچ بچاو کیا ورنہ ان کے قالین کا دھندا چوپٹ ہو جاتا۔سب سے کٹ کر غم میں گھلتے گھلتے وہ دن بھی آیا کہ INVISIBLE ہو گئے۔شیشے کے سامنے کھڑے ہو کر متعجب تھے۔۔۔"اب آئینے میں دیکھتا ہوں میں کہاں چلا گیا"۔۔۔ان پر الزام ہے کہ ماضی کا رونا روتے کہتے رہے۔۔ "وہ چند روز میری زندگی کا حاصل تھے۔"اچانک ان کی نیتِ شوق بھر گئی۔ ان کا خیال تھا کہ جدائیوں کے زخم کو دردِ زندگی نے بھر دیا۔اس کے فوراً بعد عشق کا منظر نامہ یوں بدلا کہ فرمانے لگے۔۔۔"جی چاہتا ہے اب کوئی تیرے سوا بھی ہو"۔یہ عمر بھر کان اور آنکھوں کے مرض میں مبتلاء رہے۔ خاموشیوں کو سنتے کہ شہر سائیں سائیں کر رہا ہے ۔ ان کے مطابق ان کے لبوں پر۔۔۔"خاموشی کا قفل پڑا ہے"۔۔جبکہ یہ ریڈیو سے منسلک رہے۔ان کی EYE SIGHT WEAK تھی۔دور کی اشیا بہ حسن و خوبی نظر آتیں۔برف میں آگ جلتی، جاہلوں کی کھیتی پھلتی، گگن کا سوکھتا کھیت یہ دیکھ لیتے۔حد یہ کہ سانپ کے زہر میں رس بھی تلاش لیتے مگر اک ذرا گردن جھکا کر دل میں نہیں دیکھ پائے۔پاس کی کمزور نظر کے سبب اے خدائے عظیم آپ سے یہ سوال کی جرات کی۔۔۔۔"۔ترے اسم ہر چار سو ہیں، مگر تو کہاں ہے؟"

اب شاعرہ پروین شاکر کی باری آئی۔ جو اپنی حسین اداس آنکھوں میں دلکشی لئے آگے آئیں۔فرشتے نے نظر اٹھا کے ان کی طرف نہیں دیکھا اور بے حسی سے گویا ہوا۔"۔ پروین پر الزام ہے کہ یہ غائب دماغ ہیں، جب بھی کسی سے گفتگو کرتی ہیں تو یہ ہوتا ہے کہ " ٹوٹ ٹوٹ جاتا ہے سلسلہ تکلم کا"۔ انھوں نے مردوں پر یہ راز آشکار کر دیا کہ

حسن کے سمجھنے کو عمر چاہیئے جاناں
چار دن کی چاہت میں لڑکیاں نہیں کھلتیں

اور یوں انھیں آٹھ بار لڑکیوں کو ٹرائی کرنے کے مواقع عطا کئے۔شاعری کے علاوہ انھوں نے BEAUTICIAN کا کام بھی بطور پارٹ ٹائم کیا ہے۔فارغ اوقات میں یہ اپنے ہاتھوں سے دوسروں کی دلہنوں کو سجاتی پھرتی ہیں۔ انھوں نے عشق کیا اور جنوں کا سارا اثاثہ لگا دیا۔اپنی بانجھ مناجاتوں کے حوالے سے خدا پر بھی طعنہ کسا کہ وہ آسمانوں میں مصروف ہے۔ پھر بے بس ہو کر روتے روتے دوپٹے بھگو لئے۔ یہ اشک بے کنار ہو کر ایسا دریا بن گئے جو کشتِ جاں کو زرخیز کرنے لگا۔ اس طرح کھیتوں میں واٹر پمپ کے بغیر ہی ہریالی ہونے لگی۔گاؤں گاؤں میں ان کا چرچا ہوا اور بے چارے Hard Wear اور Irrigation Department کی نیاّ ڈوب گئی۔ان پر ایک الزام یہ بھی ہے کہ خود بڑی معصوم بنی پھرتی ہیں مگر کم ظالم نہیں۔خود قبول کیا ہے:

تمام رات میری چشمِ تر میں رہتا ہے
عجیب شخص ہے پانی کے گھر میں رہتا ہے

اس طرح ایک معصوم شہری کو کاٹ کر اپنی دونوں آنکھوں میں

فٹ کرنا اور مسلسل آنکھوں سے پانی بہانا کہاں کی شرافت ہے۔ اس پر مستزاد یہ کہ بے چارے کو آنکھوں کے حبس بے جا میں جکڑ رکھا ہے۔ وہ بھیگ کر چوہا بن چکا ہے مگر اسے رین کوٹ تک نہیں دلاتیں۔

سب سے آخر میں بنگلور سے صبا انجم کو بلایا گیا۔ مجمع سے ایک برقع پوش نمودار ہوا۔ جس کا ڈیل ڈول، قد وقامت، وضع قطع سب پوشیدہ تھی۔ نہ مردانگی نہ نسوانیت۔ چال تک سے جس کی جنس کا اندازہ لگانا محال تھا۔ فرشتہ گویا ہوا، " یہ آج کے آخری مجرم ہیں۔ ان پر الزام ہے کہ انھوں نے آج تک قارئین کو بے وقوف بنایا ہے۔ ایک نقلی نام اور غیر حقیقی پہچان لے کر یہ ادب میں دندناتے ہوئے داخل ہوئے ہیں اور خود کو عہد حاضر کا کلیم الدین احمد یا وارث علوی سمجھ کر تمام تخلیق کاروں پر تنقید کے در وا کر دیتے ہیں۔ پتہ ایسا دیتے ہیں جہاں خود نہیں رہتے، فون نمبر نہیں دیتے۔ اس پر مستزاد یہ کہ خط لڑکی بن کر لکھتے ہیں اور غزلیں مرد بن کر۔ ان کی ایک غزل کے ذریعہ جس کے ردیف وقافیے ...... "جیسا کہ میں" پر مبنی تھے۔ انہوں نے اپنے حالاتِ زندگی کا پردہ فاش کر دیا ہے۔ اس کے مطالعے سے یہ حیرت انگیز بات سامنے آتی ہے کہ گرمی کی شدت سے گھبرا کر یہ " کاغذ کے کپڑے " پہن کر سوتے ہیں، کبھی صلیب پر الٹے لٹک جاتے ہیں کہ کچھ تو ہوا لگے۔ مگر ان کے پڑوسی تشکیک میں مبتلا ہو کر انھیں پکڑنے سے گریز کرتے ہیں کہ کون جانے آ بیل مجھے مار والی بات ہو جائے یا بیل کے پردے سے گائے برآمد ہو۔ یوں بھی ان دنوں گاؤ کشی کے خلاف بل پاس ہو چکا ہے، اس لئے لوگ سماجی اور قانونی خطرے کے پیش نظر ان کی سینگوں سے بچ کے چلتے ہیں۔ اور یہ بڑے آرام سے سب کو ٹھیلتے ہیں۔"

فرشتہ یہ کہہ کر رکا، سب شاعروں پر ایک نظر ڈالی اور خدا کے نور کی جانب نیچی نگاہ سے دیکھتے ہوئے دست بستہ عرض کی "۔ لہٰذا خدائے ذوالجلال سے استدعا ہے کہ یہ انسان جسے سلطان بحر و بر قرار دے کر اس دنیا میں ہنر کا شاہکار بنا کر بھیجا گیا، اس کو اس کی بداعمالیوں اور بے اعتدالیوں پر کڑی سے کڑی سزا دی جائے اور جنت سے محروم کر دیا جائے۔

" یہ سننا تھا کہ سارے شاعر جو تمام عمر اپنے ہم عصر شعرا سے چشمک اور چپقلش رکھتے تھے، اپنی اپنی نفرتوں کو بھول گئے اور انفرادی نفرت کی جگہ اجتماعی محبت کا راگ الاپنے لگے۔ سب نے مکے لہرا لہرا کر فرشتوں کو ڈرانے دھمکانے کی کوشش کی۔ ادھر سے کوئی ردِ عمل نہ پا کر وہ خاصے مایوس ہو گئے اور اپنی توجہ حوروں کی جانب مرکوز کر دی۔ مسکراتے ہوئے ان کے حسن کے قصیدے پڑھے، دو چار شعر ان کے حسن کی سرکار میں پیش کئے اور ادھر سے بھی کوئی پیش رفت نہ پا کر جھنجھلا اٹھے اور چلا چلا کر کہنے لگے، " یہ فرشتے ہمارے کلام کی وضاحت کریں گے؟ یہ؟ جن کو دل ہی نہیں دیا گیا وہ ہمارے جذبات کو خاک سمجھیں گے۔ آسمان پر بیٹھ کر اللہ ہو اللہ ہو کرنے سے انسانی زندگی کے اتار چڑھاؤ اور جذبات کے نشیب و فراز کا اندازہ نہیں ہو سکتا۔ نہ غمِ عشق انہیں عطا ہوا نہ غم روزگار۔ پھر کس بل بوتے پر یہ اکڑتے ہیں۔ نہ ان کے اندر اضطراب ہے نہ سکون کی خواہش۔ گناہ کے تصور سے بھی انھیں سرفراز نہیں کیا گیا تو ثواب کر کے انہوں نے کون سا کمال کیا۔ ہاں آؤ اور ہمیں جہنم میں لے جاؤ۔ ہمیں ایسی جنت نہیں چاہیئے جس میں ایسی بے حس حوریں ہوں جن میں احساسات کی رمق تک نہ ہو۔ جو ناز و انداز دکھا کر دل لوٹ سکیں۔ نہ نگہ غلط انداز سے جاں کا زیاں کر سکیں۔ نہ روٹھ سکیں نہ منا سکیں۔ ہمیں تم جیسے پاکباز فرشتوں کے ساتھ رہنے کا شوق ہرگز نہیں ہے۔ ہمیں تو سیمابی فطرت درکار ہے۔ " اتنا سننا تھا کہ ہر شاعر حلق پھاڑ پھاڑ کر چیخنے لگا۔ اس شور و غل سے ہمارے دل کی رفتار دوگنی ہو گئی۔ جسم پسینے میں ڈوب گیا اور جو آنکھ کھلی تو دیکھا کہ ہم اپنی مسہری پر بڑے بے ڈھب انداز سے پڑے ہیں اور " خواب تھا جو کچھ کہ دیکھا، جو سنا افسانہ تھا"۔۔

☆

شجاع الدین غوری
کراچی (پاکستان)

عنایاتِ اقبال

شادی کی ایک تقریب میں، حسبِ دستورِ زمانہ ڈنر کے انتظار میں بیٹھے مہمانوں کے درمیان، ہر میز پر ایک گول میز کانفرنس ہورہی تھی۔ اس کانفرنس میں زیادہ تر شہر میں ہونے والی لوٹ مار اور قتل و غارت گری کو موضوع بحث بنایا جارہا تھا۔ دورانِ گفتگو، اچانک ہماری نظر ہم سے دو ٹیبل آگے بیٹھے ایک شخص پر پڑی اور ٹھٹک کر رہ گئی۔

''ارے! یہ تو ندیم ہے''۔ بے اختیار ہمارے منہ سے نکلا۔

ہمیں دھوکا بھی تو ہوسکتا تھا۔ لیکن، نتیجہ کی پروا کئے بغیر ہم اپنی جگہ سے اُٹھے، اُس کے کندھے پر زور دار ہاتھ مارتے ہوئے تنبیہ کرنے والے لہجہ میں بہ آوازِ بلند ہم نے کہا۔

''ابے او مفت خور! تو یہاں بھی آگیا؟''

اُس نے نظریں اُٹھا کر ایک لمحے کے لیے ہمیں خشمگین نگاہوں سے گھورا، دوسرے ہی لمحے وہ اتنی تیزی سے اُٹھا کہ کرسی میں اُلجھ کر گرتے گرتے بچا اور بے تحاشا ہم سے لپٹ پڑا۔ دیکھنے والے اُس کی والہانہ بغل گیری کو گتھم گتھا سمجھ بیٹھے۔ دفعتاً ساری گول میز کانفرنسیں منسوخ ہوگئیں، حاضرینِ محفل پیدا ہونے والی نئی صورتِ حال کو انتہائی دل چسپی سے دیکھنے لگے۔ ابھی ہماری بات شروع بھی نہ ہوئی تھی کہ اعلان ہوا کھانا تیار ہے۔ پورے ہال میں کھلبلی مچ گئی۔ دو ایک دن میں تفصیلی ملاقات کا وعدہ ہوا۔

قبل اس کے کہ ہم اُس کو فون کرتے ، وہ دوسرے دن صبح سویرے بیگم کے ساتھ ہمارے گھر پر موجود تھا۔ مختصر تعارف کے بعد دونوں بیگمات ناشتا بنانے باورچی خانے چلی گئیں، اور ہم ڈرائنگ روم میں بیٹھے باتیں کرنے لگے۔

25/30 سال بعد ہونے والی اِس ملاقات میں، بے شمار سوالات ہم دونوں کے ذہن میں گونج رہے تھے۔ آہستہ آہستہ ہم دونوں ایک دوسرے کے ایام گزشتہ سے آگاہ ہوتے گئے۔ میں نے اپنی بیوی اور بچوں کے بارے میں بتایا۔ جواب میں اُس نے بتایا کہ : ''جب اُس کی شادی ہوئی تو اُس کی بیوی'' اقبال اور اقبالیات'' پر تحقیقی کام کررہی تھی۔ گھر میں، اقبال اور اقبالیات پر بے شمار کتابیں، رسائل و جرائد بکھرے پڑے رہتے تھے۔ ہر وقت علامہ اقبال بھوت کی طرح اُس کے سر پر سوار رہتے تھے۔ بات بات پر علامہ اقبال کے اشعار کا حوالہ دیا جاتا تھا۔ کھانوں میں علامہ اقبال کے پسند کے کھانوں کا خیال رکھا جاتا تھا۔ ہر دوسرے دن پلاؤ اور ہر کھانے میں شامی کباب کھانے کو ملتا تھا۔ کھانے کے بعد، اگر موسم ہوا تو آدھا کیلو برابر آم کھانے کو اور نہیں تو ایک گلاس آم کا جوس پینے کو ملتا تھا۔ شیروانی اور تُرکی ٹوپی کو ہمارے لباس کا لازمی جز قرار دے دیا گیا۔ گھر پر تہہ بند باندھے بنیان پہنے رہنے پر مجبور کردیا گیا۔

''میرے یار! مجھ میں لاکھ بُرائیاں سہی، مگر میں سگریٹ نہیں پیتا۔ لیکن، بیگم صاحبہ نے بان کی ایک چار پائی صحن میں ڈلوادی اور حکم ہوا کہ تہہ بند باندھے، بنیان پہنے چار پائی پر بیٹھ کر حقہ پیا کروں۔ اور نہ جانے کہاں سے بیگم نے علامہ اقبال کے قریبی دوستوں کے ہم نام چار دوست بھی تلاش کرلئے جو ہر وقت ہمارے سر پر سوار رہتے اور ادب سے زیادہ بے ادب گفتگو فرماتے تھے۔

گھر میں کوئی مسئلہ کھڑا ہوجائے تو بیگم صاحبہ جھٹ سے دو ہاتھ والی پُرانی وضع کی ایک کُرسی لاکر رکھ دیتیں اور حکم ہوتا کہ کُرسی پر بیٹھ کر چہرے کو ہتھیلی کی پشت پر ٹکا کر علامہ اقبال کی تصویر بنے اُس مسئلہ پر غور کروں۔

گھر میں کام کاج کے لیے علی بخش نام کا ایک ملازم بھی رکھ لیا گیا جو علامہ اقبال کے علی بخش کی ضد تھا۔ وہ علی بخش باتیں کم اور کام زیادہ کیا کرتا تھا۔ یہ علی بخش، اللہ بخشے، کام چور اور نوالے ہضم

کرنے کا ماہر تھا''۔

ہم حیرت اور تعجب سے ، اُن کی یہ دلچسپ داستان سُن رہے تھے۔ ہماری حیرت اور دلچسپی کو دیکھتے ہوئے کہنے لگے۔

''میرے بھائی! میرے دوست! اتنا ہی نہیں، جب ہمارا پہلا لڑکا ہوا، تو علامہ اقبالؔ سے اُن کی عقیدت اور محبت کو دیکھتے ہوئے ہم سب نے یہ سمجھا کہ ،لڑکے کا نام، آفتاب اقبال یا جاوید اقبال ہوگا۔لیکن، حیرت کی انتہا نہ رہی جب اُنھوں نے اپنے بیٹے کا نام ''بانگِ درا'' رکھا۔اُس کے بعد دو بیٹے اور پیدا ہوئے،اُن کے نام بھی ''بالِ جبریل'' اور ''ضربِ کلیم'' رکھے۔ تین بیٹوں کے بعد اللہ تعالیٰ نے ایک بیٹی عطا کی۔ خاندان بھر کی مخالفت کے باوجود بیگم نے اپنی اکلوتی بیٹی کو بھی علامہ اقبالؔ کی عقیدت کی نذر کر دیا اور اُس کا نام ''زبورِعجم'' رکھا۔اس طرح بیگم نے کلیات اقبال مکمل کر لی۔

ایک لمحے کو وہ رُکے تو ہم نے مسکراتے ہوئے پوچھا:

''آپ کی یہ کلیات ہے'' کہاں۔؟ کسی کو ساتھ نہیں لائے۔؟''

''بتاتا ہوں! سب بتاتا ہوں؟ سانس تو لینے دو!'' یہ کہہ کر اُنھوں نے سامنے رکھے گلدستے سے پانی پیا اور گلا صاف کرتے ہوئے کہنے لگے۔

بڑا لڑکا جس کا نام''بانگِ درا'' رکھا تھا، وہ بڑا ہی نالائق نکلا۔ آٹھ جماعتوں سے آگے نہ پڑھ سکا۔ پڑھائی میں اُس کی عدم دلچسپی کو دیکھتے ہوئے مجبوراً مسجد کے مدرسہ میں داخل کروادیا۔ مدرسہ میں اُس کا دل ایسا لگا کہ اُس نے قرآن حفظ کرلیا۔ مسجد کے امام صاحب کولڑ کا اتنا بھایا کہ انھوں نے اُسے اپنا داماد بنالیا۔ بانگِ درا مسجد میں اب پانچوں وقت کی اذان دیتا ہے۔

دوسرا لڑکا جس کا نام''بالِ جبریل'' رکھا اُس نے تو خاندان کی لٹیا ہی ڈبودی۔آج کل وہ شہر کے امیر ترین علاقہ میں گنجے سرجوں پر بال اُگانے اور ہرے بھرے سروں سے بال اُتارنے کا کام کر رہا ہے۔عزیز رشتہ دار اُسے جو چاہے کہہ لیں، خلیفہ، نائی، حجام ...... وغیرہ ،لیکن اُس کے اس ہنر کی قدر کرنے والے صاحبِ حیثیت لوگوں میں وہ''ڈاکٹر بول گیبریل'' کے نام سے مشہور ہے (آپ سے گذارش ہے کہ آپ ''بول'' کو انگریزی تلفظ میں بروزن''پول'' پڑھیں۔ یہ عربی اور اُردو کے لفظ''بول'' سے کسی طرح بھی مطابقت نہیں رکھتا)

تیسرا لڑکا ضربِ کلیم کی کیا سناؤں ''وہ کچھ پڑھ لکھ گیا۔ انٹر کرنے کے بعد بہ فضلِ اعزازیل رذیل پولیس میں بھرتی ہوگیا۔ اس کے قد کاٹھ کو دیکھتے ہوئے افسرانِ بالا نے اُسے مجرموں کی چھترول پر لگادیا۔ مجرموں میں اُس کے ضرب کی بڑی دہشت ہے۔ بڑے سے بڑا ڈھیٹ مجرم بھی اُس کی چھترول کے آگے بول پڑتا ہے۔آپ نے وہ مشہور واقعہ تو ضرور سنا ہوگا۔جس میں پولیس نے ہاتھی سے یہ قبول کروایا تھا کہ وہ ہاتھی نہیں ہرن ہے۔ یہ کارنامہ انجام دینے والا کوئی اور نہیں میرا بیٹا ضربِ کلیم ہی تھا۔

ہماری گفتگو ابھی جاری تھی کہ ناشتا آ گیا۔ ناشتا ختم ہوتے ہی خواتین پلیٹیں سمیٹ کر دوبارہ کچن میں چلی گئیں۔ چائے کے گھونٹ لیتے ہوئے ندیم نے اپنی بیٹی زبورِعجم کے بارے میں حیرت انگیز انکشاف کیا۔اُس نے بتایا کہ:

''اُس کی بیٹی زبورِعجم ماں پر گئی۔ وہ جو کہتے ہیں ''جیسی مائی ویسی جائی'' وہ غلط نہیں کہتے۔ زبورِعجم بھی علامہ اقبال کی معتقد و شیدائی نکلی۔ علامہ سے اُس کی عقیدت نے تو اُس میں کرشماتی صفات پیدا کر دیئے......!''

قطع کلامی کرتے ہوئے ہم نے پوچھا:

''کیا اُس میں ولیوں والی صفات پیدا ہوگئی ہیں؟''

''نہیں ایسی کوئی بات نہیں ہے!'' وہ سنجیدگی سے بولا''لیکن، آپ نے سُنا ہوگا اگلے وقتوں میں لوگ''دیوانِ حافظؔ'' سے فال نکالا کرتے تھے!''

''جی ہاں! نہ صرف سنا ہے بلکہ ہم نے اپنے دادا کو یہ کام کرتے دیکھا ہے''۔

''ہماری بیٹی زبورِعجم کلیاتِ اقبال سے فال نکالتی ہیں، اور بہ فضلِ اقبالؔ وہ فال سو فی صد درست نکلتا ہے''۔

''کیا بکواس کر رہے ہو!'' ہم نے بے تکلفانہ اور ناقابلِ یقین

لہجے میں کہا۔

''پہلے پہل ہمیں بھی یقین نہیں آیا تھا۔لیکن، جب اُس کی سچائی سامنے آنے لگی تو یقین کرنا پڑا۔ دو ایک واقعات سنو گے تو تمہارا شک بھی یقین میں بدل جائے گا''۔

''سنائیے! ہم ہمہ تن گوش ہیں!''

وہ ہمارے طنزیہ لہجے اور مسکراہٹ کو نظر انداز کرتے ہوئے بولا:

''کچھ عرصہ قبل کی بات ہے، ایک عورت روتی پیٹتی آئی اور کہنے لگی ''زبو باجی'' (یہ ہماری بیٹی کا عوامی خطاب ہے) میرے کوئی اولاد نہیں ہے۔ ساس سُسر میرے شوہر کو اولاد کی خاطر دوسری شادی پر مجبور کر رہے ہیں۔ باجی، آپ فال دیکھ کر بتائیں، میرے کوئی اولاد ہوگی یا نہیں؟''

میری بیٹی نے فال نکالا تو فال میں یہ شعر نکلا:

نہیں ہے نا اُمید اقبالؔ اپنی کشتِ ویراں سے
ذرا نم ہو تو یہ مٹی بڑی زرخیز ہے ساقی

فال نکلنے کے ایک سال بعد اُس عورت کے ہاں بہ یک وقت چار بچے پیدا ہوئے۔

ایک اور عورت اپنے شوہر اور سُسرال کی شکایت لے کر آئی کہ اُس کا شوہر اُسے مارتا پیٹتا ہے۔ ساس سُسر بھی کوئی موقع ہاتھ سے جانے نہیں دیتے۔ دیور اور جیٹھ الگ تاک میں لگے رہتے ہیں۔ نہ مجھے کچھ کھانے کو ملتا ہے نہ بچوں کو، رُکھا سوکھا بچا کُچا کھا کر گزارا کر رہی ہوں۔ظلم سہتے سہتے زندگی اَجیرن ہوگئی ہے۔

میری بیٹی نے فال نکالا تو فال میں یہ شعر نکلا:

جس کھیت سے دہقاں کو میسر نہ ہو روزی
اُس کھیت کے خوشۂ گندم کو جلا دو

دوسرے دن معلوم ہوا کہ اُس عورت نے آدھی رات کے وقت اپنے بچوں کو سمیٹا اور گھر کو آگ لگا کر غائب ہوگئی۔

ایک اور واقعہ سُن لیجیے تا کہ آپ کا یقین محکم ہوجائے۔

''بیٹی کے فال نکالنے کی شہرت سُن کر، ملک کے ایک معروف سیاست داں اپنے مستقبل کا حال معلوم کرنے تشریف لائے۔ جب اُن کا فال نکالا گیا تو فال میں یہ شعر نکلا:

وطن کی فکر کر ناداں مصیبت آنے والی ہے
تیری بربادیوں کے مشورے ہیں آسمانوں میں

''آپ جانتے ہیں اس کا نتیجہ کیا نکلا؟'' انھوں نے ہماری جانب غور سے دیکھتے ہوئے انتہائی سنجیدہ اور متفکر لہجے میں سوال کیا۔

''نہیں، ہم کیا بتا سکتے ہیں!'' اُن کے سنجیدہ چہرے کو دیکھ کر ہم کسی قدر سٹپٹا گئے۔ ''میرے دوست! ایبٹ آباد کا واقعہ اس فال کے نکلنے کے بعد رونما ہوا تھا۔

انا للہ وانا لیہ راجعون''

یہ کہہ کر وہ خاموشی کے گہرے سمندر میں ڈوب گئے۔

اُن کی خاموشی کو توڑنے اور ماحول پر طاری کبیدگی کو دور کرنے کی خاطر ہم نے مسکراتے ہوئے رازدارانہ لہجے میں پوچھا۔

''یہ سب اپنی جگہ درست ہے، لیکن یہ تو بتاؤ بیگم کا کیا حال ہے؟ کیا علامہ اقبال اب بھی اُن کے سر پر سوار رہتے ہیں۔

ہمارے اِس سوال پر اُن کے چہرے پر چھائی مایوسی کی جگہ مسکراہٹ نے لے لی۔ اور وہ مسکراتے ہوئے بولے:

''کافی عرصہ ہوا یہ بھوت سر پر پاؤں رکھ کر بھاگ گیا''۔

''وہ کیسے! ہم نے حیران ہوکر پوچھا۔

''ایک رات کا ذکر ہے بیگم نے ہمیں علامہ اقبالؔ کی تصویر بنے کسی گہری سوچ میں ڈوبا دیکھ کر پوچھا۔

''کیا سوچ رہے ہو؟''

ہم نے بڑی مسکین سی صورت بنا کر دِل شکستہ لہجے میں کہا۔

''علامہ اقبالؔ نے اپنی زندگی میں تین شادیاں کیں، اُن کے نقشِ قدم پر چلنے کے لیے لازمی ہے کہ ہم بھی تین شادیاں کریں؟''

اس ایک جملے نے میرے بھائی! دنیا ہی بدل دی، اقبال کا بھوت ایسے بھاگا، کیا گدھا اپنے سر سے سینگ چھوڑ کر بھاگا ہوگا۔

''آخر شب دید کے قابل تھی ''بیگم'' کی تڑپ''

☆

مختار ٹونکی

بچاؤ بچاؤ

''بچاؤ بچاؤ'' لفظ کی صدائے دل خراش جب کسی کے گوشِ حقیقت نیوش تک پہنچتی ہے تو اس کے دماغ کا بزر بول اُٹھتا ہے اور خوف و ہراس سے کان کھڑے ہوجاتے ہیں۔ وہ ہونق ہوکر سوچنے لگتا ہے کہ کوئی خطرے میں ہے اور بچاؤ بچاؤ کی بلند بانگ سے وہ بچاؤ کے لئے امداد کا طالب ہے۔ اگر آواز نسوانی ہو تو سمجھا جاتا ہے کہ کوئی بھولی بھٹکی راہ میں اٹکی حسینہ ہوس پیشہ نوجوانوں کے چنگل میں پھنس گئی ہے اور اپنی عزت و ناموس بچانے کی خاطر بچاؤ بچاؤ کی گردان کررہی ہے اور آواز اگر مردانی ہو تو سوچا جائے گا کہ غنڈے مستنڈے کسی کے اغوا میں مصروف و مشغول ہیں۔ ایسی خطرناک صورتِ حال میں اگر سننے والا شریف و جری ہوا تو 'بے خطر کود پڑا آتش نمرود میں عشق' کے مصداق بے اختیار اپنی جان جوکھم میں ڈال دے گا اور اگر ڈرپوک و مطلبی ہوا تو دُم دبا کر چھپ چھپا کر موقعۂ واردات سے نو دو گیارہ ہوجائے گا۔ جی ہاں! یا شیخ اپنی اپنی سینک، کہاوت ایسے ہی مواقع کے لئے استعمال کی جاتی ہے۔ تجھ کو پرائی کیا پڑی اپنی نبیڑ تو۔۔

ویسے ہم آپ کو بتادیں کہ 'بچاؤ' ہماری پیاری اُردو زبان کا ایسا پیارا لفظ ہے جو خواص و عوام میں حد درجہ مقبول ہے اور جا و بیجا ہر جگہ بے دریغ بولا جاتا ہے۔ ادبیات سے لے کر فلمیات اور عمرانیات سے لے کر سیاسیات تک اس کا عمل دخل ہے یعنی بچاؤ بڑے چاؤ والا لفظ ہے اور آج کل تو اس کی ڈیمانڈ اتنی بڑھ گئی ہے کہ اس کے چرچے ہیں ہر زبان پر......

''ارے بھئی! پنڈت جی، دھوتی سنبھال کے یہ لمبے لمبے ڈگ بھرتے ہوئے کہاں بھاگے جارہے ہو؟ کچھ تو بتاؤ''

''خاں صاحب شلوار سنبھالو اور بھاگو، شہر میں بھلا چنگا دنگا شروع ہوچکا ہے۔ بلوائیوں سے اپنی جان بچاؤ، دستار بچاؤ، گھر کو جاکر گھر بار بچاؤ، آبرو بچاؤ ورنہ ع

تمہاری داستاں تک بھی نہ ہوگی داستانوں میں''

''ٹھہرو۔ ٹھہرو! اتنی گھبراہٹ کیوں؟ فساد کا مواد پھوٹ پڑا ہے تو کیا ہوا؟ پولیس پلٹن آئے گی۔ ریپڈ ایکشن فورس آئے گی اور سرکار ہمیں بچائے گی۔۔''

''ارے میاں! قیاسی گھوڑے مت دوڑاؤ۔ کب مرے گی ساسُو کب آئیں گے آنسو۔ تمہیں شاید پتہ نہیں قبرستان میں زلزلہ آگیا ہے۔ تمام قدیم و جدید اور پختہ و خام قبریں اُلٹ پلٹ ہوکر ایک دوسرے میں مدغم ہوگئی ہیں۔ بے چارے ابدی نیند سو رہے مردے بے حیات زندہ ہوکر جھگڑے پر اُتارو ہیں۔ دوسری طرف شمشان گھاٹ میں باڑھ نے قہر برپا کردیا ہے۔ تمام شمشان جل ڈمرو بن گیا ہے۔ وہاں بھی آتمائیں بھٹک بھٹک کر اور سر پٹک پٹک کر چیخ رہی ہیں۔ تمام پولیس کی ٹکڑیاں اور نام نہاد فوجی دستے وہاں بچاؤ کاریہ کرم میں گئے ہوئے ہیں۔ ہمیں کون بچانے آئے گا اور کیوں بچانے آئے گا؟ چلو بھاگو۔ جان بچے تو لاکھوں پائیں۔ ارے سچ مچ سرکار تو خود آندولن چھیڑ چکی ہے۔ کرسی بچاؤ لاکھوں کماؤ۔ وہ ہمیں کیا بچائے گی جو خود اپنے بچاؤ کی ادھیڑ بن میں ہے۔

بچاؤ دیش کو سارے عوام سے کہہ دو

ارے یہ کون گلا پھاڑ کر چلاّ رہا ہے۔ اچھا سرپھرا نیتا ہے۔ جنتا کو فلمی انداز میں دیش بچانے کی تلقین کر رہا ہے۔ واہ بھئی واہ! جنتا اپنی جان بچائے کہ جان کھپا کر دیش کو بچائے ہونہہ! دیش بچاؤ، جمہوریت بچاؤ، مذہب بچاؤ، ایمان بچاؤ، یہ بچاؤ وہ بچاؤ۔ ہر طرف سے بس بچاؤ بچاؤ کی بازگشت ہے اور یہ آوازیں ایک دوسرے میں اتنی گڈمڈ ہوگئی ہیں کہ کان پڑی آواز سنائی نہیں دیتی۔ بس بچاؤ بچاؤ کی کرخت آوازیں چمگاڈروں کی طرح ذہن میں ڈول رہی ہیں اور کانوں کے پردے کھول رہی ہیں۔ پنبہ درگوش رکھو اور ان آوازوں سے بچو ورنہ بچاؤ ناممکن ہوجائے گا۔

اور سنئیے! ہماری سرکار جو فی الحال اپنی ساکھ بچانے کی فکر میں ہے، اس نے ''بچاؤ'' کو مقبول عام بنانے کے لئے دیش کے کونے کونے میں بچت ڈپارٹمنٹ کھول رکھے ہیں۔ عوام کو اذنِ عام ہے کہ بچت کرو، دیش کی ترقی میں کھپت کرو۔ روپیہ بچاؤ اور اسکیموں میں پیسہ لگاؤ اور اپنے کو غریب و لاچار ہونے سے بچاؤ یعنی کم کھاؤ، کم پیو اور کم جیو۔ زیادہ سے زیادہ بچاؤ اور پس انداز کو ڈاک خانہ، بینک میں بصدق شوق کھپاؤ۔ بچت ہے تو راحت ہے۔ مگر پس پردہ ایک سبز باغ ہے کہ مستقبل بچاؤ اور حال کو بھول جاؤ۔ جس کا مستقبل ہو محفوظ اور حال ہو مخدوش تو ایسے بچاؤ پروگرام کو دور سے سلام۔ اس ریڑھ کی ہڈی توڑ مہنگائی میں جب کہ اشیائے خوردنی کی قیمتیں ستارۂ ثریا کو چھو رہی ہیں، بے چارا قسمت کا مارا عام انسان کیا کمائے اور کیا کھائے کیسے بچائے اور کیوں کر ڈپازٹ کرائے۔ ارے صاحب! عجیب تاکید ہے، اصرار ہے، بچاؤ بچاؤ کی جدھر دیکھو ناخوشگوار تکرار ہے۔ ع

ایک پیسہ نہ بچے گر تو بچاؤ کیسے

ارے یہ فاریسٹ ڈپارٹمنٹ والے کیوں نعرے بازی کر رہے ہیں۔ اچھا تو یہ بات ہے جنگل بچاؤ، پیڑ لگاؤ ہفتہ منا رہے ہیں۔ بے چاروں کو جنگل میں منگل منانے کا موقع نہیں ملتا اس لئے جنگل بچاؤ تحریک کو عملی جامہ پہنا رہے ہیں۔ خوب بھئی خوب۔ ارے ذرا دیکھو تو واٹر ورکس والے بھی مصرعے پر گرہ لگانے آگئے ہیں کہ بوند بوند پانی بچاؤ، چُلّو بھر پانی سے نہاؤ اور قطرہ قطرہ منہ میں ٹپکاؤ، یوں اپنی پیاس بجھاؤ۔ کیا ہوا اگر ارباب اقتدار کو شراب پینے کی چھوٹ ہے اور عوام کا لہو چوسنے کی رعایت ہے۔ اسی میں تو شاید ہدایت ہے کہ تشنہ کام عوام کا بیڑا غرق در آب دریا

برق گرتی ہے تو بے چارے انھیں لوگوں پر

''بچاؤ'' کا ایک پہلو یہ بھی ہے کہ عدالتِ عالیہ میں ایک عدد بچاؤ وکیل ہوتا ہے جب کوئی موکل آ کر کہتا ہے کہ وکیل صاحب اپنی وکالت کا کرشمہ دکھاؤ۔ مجھے بچاؤ، میری بیوی بچوں کو بچاؤ کہ پھنس گیا ہوں میں گلے گلے۔ بچاؤ وکیل وزیر دفاع کی طرح مدافعت کے جوہر دکھاتا ہے اور اسے قانونی موشگافیوں سے بال بال بچا لاتا ہے۔ آپ کہہ سکتے ہیں کہ بچاؤ وکیل غنڈے موالیوں کو بچا کے کوئی اچھا نہیں کرتا۔ ارے صاحب! ہمارے عظیم اور رحیم و شحیم دیش میں بڑے بڑے گھپلے گھوٹالے ہوتے رہتے ہیں خود وزرائے مملکت اور وی آئی پی حضرات ان میں ملوث ہونے کا شرفِ خصوصی رکھتے ہیں۔ اگر دیر سویر کوئی معاملہ اور گھپلا گھوٹالہ طشت از بام بھی ہو گیا تو تحقیقاتی کمیشن بٹھاؤ، وزرا کو بچاؤ اور پھر بھول جاؤ۔ اس کا تیر بہدف علاج ہے۔ وکیل تو دلیل سے رذیل کو شریف ثابت کرتا ہے اور پھر اسے بھی تو اپنا پیشہ بچانے کی فکر رہتی ہے جس سے پیسہ ملتا ہے وہ کیوں نہیں بچائے؟

اب کیا کہیں۔ یہاں وہاں، اِدھر اُدھر چاروں طرف بچاؤ کا بازار گرم ہے۔ ٹی وی کھولو تو آواز آئے گی جو یہ سندیش پہنچائے گی کہ اپنی خوب صورتی کو دھوپ سے بچاؤ، نئی روپ کریم لگاؤ۔ صفا چٹ صابن کا دم دار آفر۔ اب تین روپے بچاؤ اور پچاس گرام زیادہ پاؤ۔ اخبارات کھولو ٹٹولو تو وہاں بھی اشتہارات یہ کہتے ہوئے ملیں گے کہ فلاں کار خریدو تو اتنی رقم بچاؤ اور فلاں چیز کام میں لو تو یہ بچاؤ وہ بچاؤ۔ فلم کیا، دوردرشن کیا اور اخبارات و رسائل کے اشتہارات کیا۔ اب تو ''ادب'' میں بھی الفاظ بچاؤ اسکیم شروع ہو گئی ہے۔ پرانی اصناف ہٹاؤ اور نئی اصناف سجاؤ۔ یہی وجہ ہے کہ طویل مرثیے قصیدے سکڑ سکڑا کر دوہوں، دو، پدوں میں تبدیل ہو گئے ہیں شعرا دگیاں، تگیاں لکھ کر اپنا اور قارئین کا قیمتی وقت بچا رہے ہیں اور ادبا افسانہ نگار افسانچے، منی کہانیاں تولد کر کے اپنی تخلیقی قوتیں بچا رہے ہیں۔

واللہ ہمیں حیرت و استعجاب نہیں کہ لفظ بچاؤ کو لوگ اتنا سر کیوں چڑھا رہے ہیں لیکن افسوس صد افسوس۔ کوئی مرد مجاہد اور رستم دوراں بہ آواز بلند یہ نہیں کہتا کہ میاں شرافت بچاؤ، مروت بچاؤ، ایمان داری بچاؤ، اخلاق بچاؤ، انسانیت بچاؤ کہ یہ بستر مرگ پر لبِ دم ہیں اور آخری سانسیں لے رہی ہیں۔ کیا کہا؟ ان کو بچاؤ نہیں، ان سب سے بچ کر آؤ۔ واہ بھئی واہ آپ کا نام نامی اور اسم گرامی تو تابوت کی آخری کیل ہونا چاہئے۔ زیادہ حد ادب......۔

☆

منظور الامین
حیدرآباد

کون بن گیا کروڑ پتی

قارئین گرامی ! یہ بات غالباً آپ کے علم میں ہے کہ جہانگیر اور نور جہاں ، نپولین بونا پارٹ اور جوزیفائین ، نیلسن اور لیڈی ہیملٹن ، ایڈورڈ ہشتم اور مسز سمپسن کی داستان ہائے عشق پرانی ہوچکی ہیں ، آج کی دنیا کا حیرت خانہ نئے معاشقوں سے آشنا ہوتا جارہا ہے ، حکومت ہند کے نئے وزیر ششی تھرور اور سنندا تھرور کی مثال ہمارے سامنے ہے ۔ انگریزی کا محاورہ ہے Every one loves a lover ۔ عشق کی بنیاد پر کی گئی اس شادی کو عوام الناس نے سراہا ہے لیکن اس کو کیا کیجئے کہ ' اگلے وقتوں ' کے لوگ اس کو گوارا نہیں کر پا رہے ہیں ۔ ایک ایسی ہی ہستی ہے جس کا نام ہے نریندر مودی جو گجرات کے چیف منسٹر ہیں ۔ انہوں نے سنندا تھرور کو ششی تھرور کی ' پچاس کروڑ کی گرل فرینڈ ' کے خطاب سے نوازا ہے ، ' کون بنے گا کروڑ پتی ' کے امیتابھ بچن اس خطاب کو سن کر سوچ میں پڑ گئے ہیں ۔

اُدھر ششی تھرور نے نریندر مودی سے جواباً کہا ہے (قلی قطب شاہ کے الفاظ میں) ' نہیں عشق جس دل بڑا کوڑ ہے ' ششی نے زبانِ حال سے گویا یہ شعر دہرایا ہے ۔

یہ عشق نہیں آساں اتنا ہی سمجھ لیجیے
اک آگ کا دریا ہے اور ڈوب کے جانا ہے

مودی عشق و محبت کی شادی کو غالباً Outdated یا Defunct ادارہ مانتے ہیں ، کسی صحافی نے یہ بات کہی ہے ۔ ہند کی وزارت عظمیٰ کے امیدوار نریندر مودی کی سیاست بڑی Masculine ہے ۔ صحافی یہ بھی کہتے ہیں کہ نریندر مودی ایک Misogynist یا عورت سے نفرت کرنے والی ہستی ہیں لیکن ذرا رکیئے ہم مودی ہی کو Misogynist نہیں کہہ سکتے اس دنیا میں کئی چھوٹے بڑے لوگ اور بھی ہیں جو نجانے کیوں عورت سے نفرت کرتے ہیں ۔ آسٹریلیا کی وزیر اعظم Julia Gillard نے ، جو ایک خاتون ہیں اور لاولد ہیں ، آسٹریلین پارلیمنٹ کے حزبِ مخالف کے لیڈر Tony Abbot کو Misogynist عورت سے نفرت کرنے والا دوغلا شخص قرار دیا ہے ۔ Abbot کا کہنا ہے کہ آسٹریلین گورنمنٹ کو بچوں کی پرداخت کا کوئی تجربہ نہیں ۔ یہ اشارہ اس بات کی طرف بھی ہے کہ آسٹریلین وزیر اعظم Julia لاولد ہیں ، پس وہ بچوں کی پرداخت کے بارے میں کچھ نہیں جانتیں اور بہ حیثیت آسٹریلین خاتون اول چونکہ انہیں بچوں کی پرداخت اور نگہداشت کا کوئی تجربہ نہیں لہذا بجا طور پر یہ کہا جاسکتا ہے کہ آسٹریلین گورنمنٹ کو بھی اس فیلڈ میں کوئی تجربہ نہیں ۔

اطلاعات کے مطابق نریندر مودی جن کا تعلق BJP سے ہے ایک غیر شادی شدہ برہم چاری ہیں ۔ ان کے گرو اٹل بہاری واجپائی بھی ایک برہم چاری رہے ہیں ۔ بنگال کی موجودہ وزیر اعلیٰ ممتا بنرجی نے بھی شادی نہیں کی ہے ۔ غالباً دنیا کے بعض اور ملکوں کے سربراہ بھی غیر شادی شدہ ہوں گے اس سلسلے میں ان کے نام اور اعداد و شمار ہمارے پاس نہیں ۔

سیاست ان دنوں دنیا بھر میں دلچسپ ہوتی جارہی ہے ۔ دلوں کو موہ لینے والی کئی طرح کی خبریں آئے دن اخبار ، ریڈیو اور ٹیلی ویژن پر آتی ہی رہتی ہیں ۔ اس سلسلے میں بی جے پی کے ترجمان مختار عباس نقوی نے ایک شوشہ چھوڑا ہے ' ہم ششی تھرور کو

عشق کا بین الاقوامی گرو مانتے ہیں' اس امر کے تناظر میں یہ تجویز پیش کی جاسکتی ہے کہ حکومت ہند نے حال میں جب نئے منسٹر مقرر کئے ہیں تو اس میں کوئی ہرج نہیں کہ یہ حکومت اب ایک بالکلیہ نئی منسٹری بنادے جس کا نام ہوگا Ministry of love affairs اس کا سربراہ یا گرو (گھنٹال) ہوگا ششی تھرور۔

محکمہ عشق و عاشقی یہ کہے گا کہ ' کسے کہ کُشتہ نہ شد از قبیلۂ ما نیست' مطلب ایسا شخص جو معاملاتِ عشق سے بے بہرہ ہو یا جس نے مذہبِ عشق اختیار نہ کیا ہواس کا اس محکمے سے کچھ لینا دینا نہ ہوگا۔

اس موقع پر ہمیں آسکر وائلڈ کا ایک مقولہ یاد آرہا ہے' ہر اُس لڑکی (عورت) کا فریضہ ہے جو غیر شادی شدہ ہو، فوراً ہی شادی کے بندھن میں بندھ جائے۔ اور ہر غیر شادی شدہ لڑکے (مرد) کو چاہئے کہ اس جھمیلے میں نہ پڑے اور جب تک اور جہاں تک ممکن ہو وہ شادی نہ کرے' ۔ ہمارا خیال ہے کہ جناب نریندر مودی نے آسکر وائلڈ کے اس مقولے پر پوری طرح عمل کیا ہے۔

عشق کے مسئلے پر مغربی حکیم نطشے نے کہا ہے

' ایک صحیح پاور کی عینک کا استعمال کسی بھی عاشق کو عشق سے دست بردار کرسکتا ہے'۔

برخوردار مجنوں کے زمانے میں اگر عینک کا وجود ہوتا تو قیاس غالب ہے۔ کہ وہ لیلیٰ کی سیاہ فامیت کو بغور دیکھ پاتا، اس کے عشق میں مبتلا نہ ہوتا، گلی کوچوں میں رسوانہ ہوتا اور راہِ صحرا جانے کی ضرورت اسے پیش نہ آتی۔

صاحبو! انسانی حیات کا آج کا سینریو بدل گیا ہے۔ گذرے ہوئے کل اور آج کی عورت میں ذہنی طور پر بعد المشرقین بلکہ بعد المغربین وغیرہ بھی ہے کل کی عورت محض خانہ دار جنس تھی گھر کی چار دیواری کی ایک Robot ایک ' گونگی گڑیا' ۔ آج کی عورت کو زبان مل گئی ہے وہ ترسیل و ابلاغ کے فن سے واقف ہوتی جارہی ہے۔ یہ عورت شعور وآگہی کی مالک ہے بعض عورتیں تعلیم یافتہ ہیں Free Thinking میں یقین رکھتی ہیں اور دن بدن اپنی شناخت بناتی جارہی ہیں۔

یہ لیجئے ہم کہاں سے کہاں جا پہنچے بات تو ششی تھرور اور سنندا تھرور کی ہورہی تھی۔ نطشے کی Advisory کو پیش نظر رکھ کر اگر ششی تھرور اپنی آنکھوں پر صحیح پاور کی عینک لگائے ہوتے تو شاید سنندا تھرور کے ' حسن' کا جادو ان پر نہ چلا ہوتا وہ کنوارے ہی رہے ہوتے۔ نریندر مودی کی تنقید انہیں نہ سہنی پڑتی وہ اقوام متحدہ سے منسلک رہے ہوتے۔ بانکی مون کی Term ختم ہونے پر وہ اس بین الاقوامی ادارے کے سکریٹری جنرل کے عہدے پر فائز ہوگئے ہوتے۔ لیکن حیف کہ یہ نہ ہوسکا اور جو ہوسکا وہ سنندا تھرور ..... مگر یہ تو آپ جانتے ہی ہیں کہ کیا ہوا!۔۔

☆

رؤف خوشتر
بیجاپور

نکّو رے باوا نکّو

'جب تم باہر سے تھک کر آ ؤ گے تو وہ تمہارے پاؤں دبائے گی' دوستوں نے کہا۔ 'اور موقع ملتے ہی گلا' ہم نے اپنا اکلوتا گلا صاف کرتے ہوئے صفائی نہیں دہائی دی۔

'وہ اپنے ہاتھوں سے لذیذ کھانے بنا کر انہی ہاتھوں سے تمہیں روز کھلائے گی۔' پھر دوستوں نے ترکیب سے ترغیب کے دانے ڈالے۔

'اور بقول تمہارے یہی لذیذ کھانے کھا کھا کر اس کا گل چین اول یعنی شوہر اب کہاں سویا ہوا ہے؟ تم چاہتے ہو کہ میں کچھ دن محترمہ کے اور بعد میں ہمیشہ ہمیشہ کے لیے اس کے مرحوم شوہر کے پہلو میں رہوں۔ گویا بیوہ کو دوسری بار بیوگی کا غم دینا چاہتے ہو۔ یہ کہاں کی دوستی ہے کہ بنے ہیں دوست گورکن'۔

'ارے تم ہر بات کا منفی پہلو ہی کیوں لیتے ہو۔ ہم جانتے ہیں کہ دینی اور بے دینی اعتبار سے تم پارسا اور پارسی نہیں ہو تو پھر بھابھی کے ملک عدم سدھارنے کے بعد عقد ثانی کے لیے پس و پیش کرتے ہوئے ہماری پیش کش کو کیوں ٹھکرا رہے ہو'۔

ان کی اس دلیل کے جواب میں ہم مجروح سلطانپوری کا نغمہ ذرا سا بدل کر گنگنانے لگے:

میں اکیلے یوں ہی مزے میں ہوں۔ مجھے آپ کس لیے مل گئے

مجھے پتہ ہے کہ یہ سب مہربانیاں مجھ پر کیوں ہو رہی ہیں۔ دراصل تم میرے لیے شریک حیات نہیں بلکہ غریق حیات لانے کی فکر میں ہو۔ اس لیے کہ تم مجھے دوبارہ اسی ازدواجی دلدل میں پھنسے دیکھنا چاہ رہے ہو۔ اب میرے ملکی و غیر ملکی دوروں سے تم پر دورے پڑ رہے ہیں کہ یہ کوا اب طائر آفاقی بن کر آزاد اور کھلی سانس کا رزق لے رہا ہے اور دوسری ساس کا رسک نہیں لے رہا ہے۔ چاہتے ہو کہ یہ بھی اپنی طرح ازدواجی کولہو کے بیل کی طرح آنکھیں بند کر کے اندرون خانہ ہی چکر لگا تا رہے'۔

'ارے میاں اس غیر محفوظ اور تنہائی کے کرب زدہ دور میں تو کوئی اکیلا رہنا نہیں چاہتا۔ سابق صدر اے پی جے عبدالکلام اور سابق وزیر اعظم واجپائی کی بات اور ہے ایک عدد بیوی کے شوہر کے سبب اب تنہا شاہ پوری بھی بس نام کے نہیں تخلص کے تنہا رہ گئے تم تو خیر سے خوشتر ہو'۔

'اور شادی کے بعد بدتر ہو جاؤں گا'۔

'ارے نہیں یار خوشتر سے خوش ترین ہو جاؤ گے۔ ہمارا احسان مانو گے۔ دیکھو ہماری بات مان لو ہر اعتبار سے فائدے میں رہو گے'

تو صاحبو یاروں کے پیہم اور اغیار کے باہم اصرار کے آگے ہم نے اپنا موبائیل اور قلم ڈال دیا کہ اب ان کے آگے ڈالنے کو ہتھیار کہاں سے لائیں۔ اب تو یہی عصری ہتھیار ٹھہرے۔

شوہر کے انتقال کے بعد عقیلہ اکیلی ہو کر رہ گئی تھیں۔ اگر چہ کہ بیٹوں اور بیٹیوں کی فوج در ظفر موج تھی۔ محکمۂ تعطیلات میرا مطلب ہے تعلیمات سے وظیفہ یاب تھیں۔

ہم نے گھبرا کر اپنی تشویش ظاہر کی کہ کہیں وہ روز ہماری کلاس نہ لے۔ 'ارے بھئی وہ تو سرکاری دانش و درس گاہ میں تھی تو وہاں پڑھنے پڑھانے کا کیا کام؟ جب بر سر روزگار نہیں پڑھاتی تو اب وہ کیا خاک پڑھائے گی۔ البتہ بنت حوا ہونے کے ناطے وہ روز ازدواجی کلاس تو لے گی۔ اس سے کسی شوہر کو مفر نہیں'۔

تو عزیز و اپنے اور اپنے رشتہ داروں کے حال اور مستقبل کی پرواہ نہ کرتے ہوئے اپنی نواسیوں کی نانی کے لیے یعنی عقد ثانی کے لیے ہری جھنڈی لہرائی تو اس جھنڈی کی سرسراہٹ سے ہمارے بیٹوں اور بہوؤں میں گھبراہٹ طاری ہوگئی کہ اب ہم اپنا بڑھیا وظیفہ بوڑھیا پر لٹائیں گے۔

دریں اثنا مرحومہ، معاف کرنا محترمہ کی جانب سے سربمہر لفافہ ہم دست ہوا کہ ان تحریر کردہ شرائط کا تحریری طور پر ہماری رضا مندی کے بعد ہی وہ دوبارہ قاضی کے روبرو آنے پر راضی ہوں گی۔ شرائط کی تفصیلات یوں تھیں :

ا۔ میری بینک والی پاس بک میری ہی پرس میں رہے گی ۔ اور اس پرس کے تعلق سے کوئی باز پرس نہیں ہوگی ۔ آپ چاہیں تو اپنی بینک پاس بک میرے محفوظ پرس میں رکھ سکتے ہیں ۔ ایک دوجے کی پاس بک پاس پاس رہے گی تو اس کا ہمارے تعلقات پر خوشگوار اثر ہوگا ۔ کیا عجب کہ ہماری پاس بک کی قربت ہم دونوں میں رغبت بڑھائے ۔ میرے پرس میں اپنی پاس بک رکھنے کی بات اپنی بہوؤں کو ہرگز نہ بتلائیں۔

۲۔ میرے اے ٹی ایم کارڈ کی طرف آپ چشمہ یا بغیر چشمہ دونوں حالتوں میں نہیں دیکھیں گے ۔ صرف کتابوں اور فلمی گیتوں میں ہی لکھا جاتا ہے کہ' مجھے اپنے غم دے دو' آج کل تو پہلی بیوی بھی یہ نہیں کہتی کہ مجھے اپنے غم دے دو۔ پھر میں تو...... اس لیے میں کہتی ہوں کہ مجھے اپنے غم نہیں اے ٹی ایم دے دو۔ اس کی سپردگی کی بات اپنے بیٹوں کو یاد سے نہیں بتانا۔

۳۔ اپنی مرحومہ بیوی شمشاد کی ساڑیاں خادمہ کو اس ہدایت کے ساتھ دینا کہ وہ ان ساڑیوں کو اپنے گھر کی حد تک ہی پہنتی رہیں ۔ اگر وہ یہ ساڑی پہن کر آپ کے سامنے آئے گی تو آپ کو مرحومہ کی یاد آئے گی اور خادمہ میں آپ مرحومہ کو دیکھ کر کہیں یہ نہ گنگنائیں کہ:

' آپ آئے تو خیالِ دلِ شمشاد آیا '

۴۔ اپنے کمرے کی عطر دانی سے لے کر مچھر دانی تک سب کو بدلنا ہوگا ۔ نئی رانی کے لیے مچھر دانی بھی نئی ہونی چاہئے ۔ جو نقش کہن تم کو ملے اس کو ہٹادو ۔ لیکن اپنے آپ کو اس شرط سے مستثنیٰ رکھیں ۔ بلکہ تندرست چاک و چوبند رہیں تا کہ جب آپ مجھے لینے آئیں تو میری سہیلیاں بہ ترمیم میرانیس لکھنوی پکار اٹھیں ۔

کس شیر کی آمد ہے کہ زن کانپ رہی ہیں

۵۔ ہر اتوار میرے نواسے ، پوتے ، نواسیاں ، پوتیاں اور دوسرے رشتہ دار مجھ سے ملنے اور میرا حوصلہ بڑھانے کے لیے آئیں گے ۔ ان کے آنے ،کھانے ،گانے اور تاخیر سے جانے کے متعلق پوچھ تاچھ نہیں ہوگی ۔ بہتر ہوگا اس دن آپ اپنے رشتہ داروں کو چڑیا گھر یا میونسپل گارڈن کو بھیج دیں تا کہ ہم اور آپ میرے رشتہ داروں کے درمیان آزادی سے رہیں ۔

۶۔ میں ہر جمعرات کو پابندی سے زلفوں میں مہندی لگاتی ہوں ۔ اُس وقت میں 'تخلیہ' کہوں گی اور آپ کو سنتے ہی اس پر عمل کرنا ہے ۔ مجھے معلوم ہے کہ جب آپ میٹرک میں پڑھتے تھے تو ٹیوشن جانے کے بہانے کریم آصف المعروف بہ کے آصف کی تاریخی و تاریخ ساز فلم مغل اعظم پچاس بار دیکھ چکے ہیں اور نئی نسل کے برخلاف آپ لفظ تخلیہ کے معنی بخوبی جانتے ہیں ۔ یہ اور بات ہے کہ اس سال (۶۱۔۱۹۶۰) آپ میٹرک میں فیل ہوگئے تھے جب کہ فلم مغل اعظم بہت کامیاب ثابت ہوئی تھی ۔

۷۔ مہندی سے بالوں کو اور میک اپ سے گالوں کو سرخ کرنے کے بعد ان کو بالترتیب مہکتے اور دہکتے دیکھ کر اپنے بہکتے دل کو قابو میں رکھنا ہوگا ۔ اور کہیں سیٹی بجانے کی حماقت (اے لو میں ابھی سے ایسے وہ القاب استعمال کر رہی ہوں جو عموماً شادی کے بعد بیویاں اپنے شوہروں کو ملقب کرتی ہیں) ۔ میرا مطلب ہے شرارت نہ کرنا ۔ اس لیے کہ اب مجھے سیٹیوں سے الرجی سی ہوگئی ہے ۔ جوانی سے لے کر بیوہ ہونے تک سیٹیاں سن سن کر میرے کان پک گئے ہیں ۔ خوش فہمی میں مبتلا نہ ہوں کہ کبھی میں ' حسینۂ محلّہ' رہی ہوں اور کہیں آپ :

کھنڈر بتا رہے ہیں عمارت حسین تھی

گنگنا کر محظوظ نہ ہوں ۔ دراصل میرے مرحوم شوہر (مرحوم لکھتے ہوئے اب میرا کلیجہ منہ تک نہیں آتا آپ مطمئن رہیں) کھیل کے ٹیچر تھے اور وہ کھیل کے میدان سے زیادہ ،اب آپ سے کیا چھپاؤں ، درون خانہ مجھے دیکھ دیکھ کر سیٹیاں اور امی کے ڈانٹنے پر بغلیں بجاتے تھے اور یوں اپنی ڈیوٹی پوری کر لیتے تھے ۔

اب کھیل ٹیچر ہی کیا، تنخواہوں میں بے تحاشہ اضافہ کے بعد اکثر اساتذہ پڑھائی کے سوا دوسرے کام بہ حسن وخوبی و دلجمعی سرانجام دے رہے ہیں ۔ یوں بچوں کے تعلیمی معیار اور مستقبل کو اجتماعی طور پر ذبح کرتے ہوئے اپنی تنخواہ حلال کر رہے ہیں ۔

اب آپ اپنے پریشر کوکر کی سیٹیوں کا ذکر مت کیجئے ۔ کوکر اگر سیٹی نہ بجائے تو کسی کی بھی اور کوئی بھی دال نہیں گلتی ۔ اور پھر کوکر اور شوہر میں یہی تو فرق ہے کہ کوکر کی سیٹی پر ہمارا بس نہیں چلتا جب کہ بے چارے شوہر کو جب چاہے خاموش کر سکتے ہیں ۔

۸۔ خلوت وجلوت میں آپ شکیل بدایونی و فانی بدایونی کی غزلیں بالترتیب جگجیت سنگھ اور طلعت محمود کی دھن پر گنگنا سکتے ہیں لیکن یاد سے میرے روبرو ۔ ' جب کوئی دوسرا نہیں ہوتا ' محمد رفیع کے رومان پرور نغمے گا سکتے ہیں ۔ میری سہیلیوں کی آمد پر پھالکے ایوارڈ یافتہ کوئی پردیپ کا تحریر کردہ اور انہی کی آواز میں گایا ہوا گانا ۔

پنجرے کے پنچھی رے، تیرا درد نہ جانے کوئی

گانا ہوگا ۔ اور ہاں مجھے حق حاصل ہوگا کہ میں اپنی سہیلیوں کی آمد پر آپ کی آنکھوں سے چشمہ ہٹاؤں تاکہ آپ بغیر عینک کے میری سہیلیوں کو جان نہیں آپا جان ہی کہہ سکیں ۔

۹۔ آپ ہر جمعرات کو سلیمان خمار کے اور ہر جمعہ کو مظہر محی الدین کے اشعار پڑھ کر سنائیں گے ۔

۱۰۔ میں نئی نویلی دلہن بن کر پرانا ٹی وی نہیں دیکھوں گی ۔ اس لیے موجودہ ٹی وی گھر کے دیوان عام میں ہی رکھیں ۔ اور ہمارے دیوان خاص (بغیر ساس) کے لیے ایک رنگین ٹی وی خرید لائیں تاکہ نئی بیوی اور نئی ٹی وی بہ وقت واحد کمرہ میں جلوہ افروز ہوں اور یوں آپ کی زندگی حقیقی معنوں میں سنگین میرا مطلب ہے رنگین ہوجائے ۔

اس طویل تحریر کا منظور وقار کے افسانوں کی طرح مختصر تحریر میں یوں پروقار جواب دیا کہ مجھے آپ کی ساری شرائط منظور ہیں اور آپ اپنے ساتھ صرف دو ساڑیاں، دو چوڑیاں یعنی نئے زیور دانتوں کے دو سیٹ، دو چشمے، دو چھڑیاں (چھریاں نہیں) دو آلۂ سماعت (سنا ہوں کہ آپ سنتی نہیں ہیں بات مکرر کہے بغیر) لے کر آئیں تو دو بول پڑھوا لے کر ہم ایک ہوجائیں گے ۔

اور ساتھ میں یہ بھی لکھا کہ ای سی جی، انجیو گرافی، بائی پاس سرجری، اوپن ہارٹ سرجری کے عصری آلائشوں سے پاک صحت مند مگر آپ سے گھائل اور آپ کا بیمار اپنا دل خط میں رکھ رہا ہوں ۔ بینک پاس بک اور اے ٹی ایم کارڈ پھر کبھی ۔

دراصل ہم اس بیوہ قہر النساء (یہ خطاب ان کی بہوؤں کا دیا ہوا ہے) کو پانے کے لیے ایسے بے تاب و بے قرار تھے جیسے بیوہ مہر النسا (بعد میں نور جہاں) کو پانے کے لیے جہانگیر بے تاب و بے قرار تھا ۔ عقد مسعود کی شام ہم اپنے دوستوں اور رشتہ داروں کے ساتھ محترمہ کے وظیفہ کدہ پہنچے ۔

نوجوان قاضی ہمارا نکاح پڑھاتے ہوئے شرما رہا تھا ۔ بعد میں رخصتی کے وقت منکوحہ کے رشتہ داروں سے زیادہ ہمارے رشتہ دار رو رہے تھے کہ بڈھا اور اس کا وظیفہ اب گیا ہاتھ سے ۔ دراصل ان کی ٹنشن ہمارے پنشن کے متعلق تھی ۔ جب کہ دلہن کے رشتہ دار شاداں وفرحاں تھے جیسے کہہ رہے ہوں دیکھا کیسے ہم نے شیر کو زیر کیا ۔ اور پھر ان کی نواسیاں، پوتیاں اور دوسری خواتین رشتہ دار بہ ضد تھیں کہ وہ دوسری بار بنی دلہن کو پہلی بار اجتماعی طور پر ہمارے موظف گاہ تک چھوڑنے آئیں گی ۔ پھر تو ہماری پھولوں سے لدی کار، بے کار ثابت ہوئی ۔ ایک لاری منگوائی گئی ۔ سدا سہاگ منڈوے والوں سے ایک بڑی دری لاکر لاری میں بچھا دی گئی ۔ اور ہم دونوں کو بیچوں بیچ بٹھایا گیا ۔ خواتین اور بچیاں اس قمر کہن اور شمس کہن کے اردگرد بیٹھ گئیں، ڈھولک کی تھاپ پر گانے شروع ہوگئے ۔

نانا ہمارے بہوت ہیں نانی کے دوانے اللہ

فقرے بازیاں بیت بازیاں چل پڑیں ۔ جب کہ لاری رکتے رکتے اور گڑھوں کی وجہ سے ہچکولے کھاتی چل رہی تھی اور ان ہچکولوں سے ہم دونوں بار بار بغل گیر ہو رہے تھے اور ہم پہلی بار بلدیہ کے حکام کو راستہ خستہ رکھنے پر دعائیں دے رہے تھے ۔

ایک بار تو لاری والے نے اتنے زور سے بریک لگایا کہ ہم دونوں تم مجھ میں سما جاؤ میں تم میں سما جاؤں کا عملی پیکر ہوتے ہوئے ایک دوسرے کی گود میں تھے۔ ہماری اس طویل بغل گیری کو دیکھ کر ایک معمر خاتون نے قوالی چھیڑ دی:

حالت ہے عجب دیوانوں کی
اب خیر نہیں ہے نواسوں کی

ایک خاتون کا تبصرہ تھا کہ ایک جان دو قالب پڑھی تھی اب دو جان ایک قالب کو مقابل دیکھ رہی ہوں۔ ہمیں بمشکل الگ کیا گیا تو پتہ چلا کہ دانتوں کا سیٹ منھ سے غائب دلہن کی گود میں چھپا بیٹھا تھا۔ جھٹ سے لے کر منھ میں لگانا چاہا تو معلوم ہوا کہ عجلت میں ہم نے میڈم کے دانتوں کا سیٹ لگایا تھا۔

القصہ رات ہونے ہونے تک بالآخر لاری ہچکولے کھاتے ہوئے کسی طرح ہمارے گھر کے سامنے آ کر رک گئی۔ جھٹ سے ہماری بیٹی (ہماری بہوئیں تو انڈوں پر بیٹھی ہوئی مرغیوں کی طرح کڑکڑا رہی تھیں) اندر سے ایک لنگڑی بوڑھی مرغی ذبح کر کے لائی اور ہم دونوں پر وار کر پھینک دی۔ ابھی ہم اندر داخل ہونا ہی چاہتے تھے کہ بیگم کی رشتہ دار بچیاں اور خواتین ہمارے گھر میں ایسے دندناتی ہوئی داخل ہوئیں جیسے ۱۹۴۸ء میں فلسطین میں اسرائیلی گھس گئے تھے اور ہماری رشتہ دار خواتین سہمی سہمی ہوئی فلسطینیوں کی طرح ان کو دیکھ رہی تھیں۔

جب رات ہے ایسی اسرائیلی پھر صبح کا عالم کیا ہوگا۔ ہم اندر آ کر بیگم کا ہاتھ تھامے کھڑے رہے۔ اس پر ہماری چھوٹی بہو، جو عالمی سیاسیات میں ایم اے پاس ہے، کہنے لگی پھوپھا اپنی نصف بہتر کا ہاتھ تھامے ایسے کھڑے ہیں جیسے انور سادات اسرائیلی وزیراعظم گولڈا میئر کا ہاتھ تھامے امن مذاکرے کے بعد کھڑے تھے اور اس عاشقی میں عزت سادات بھی گئی تھی۔

بڑی بہو کو شاید موقع ہاتھ آیا۔ اس نے کہا کہ اس دستگیری کی وجہ سے انور سادات کو گولی ماردی گئی تھی۔ یہ سن کر ہم نے میڈم کا ہاتھ چھوڑ دیا اور ان کو خواتین کے حوالے کر کے خود دوستوں کے جھرمٹ میں آ گئے۔ رات گئے دلہن کی سہیلیاں ہم جولیاں:

چل عقیلہ چل عقیلہ چل عقیلہ تیرا دلہا آ کے بیٹھا رانی چل عقیلہ

گاتے ہوئے ان کو چھیڑتے ہوئے ہمارے کمرے کے دروازہ تک پہنچا کر واپس ہوگئیں۔

محترمہ اندر آئیں، انہیں ہر جگہ اردو کتابیں نظر آئیں۔ یہاں تک کہ پلنگ پر پھولوں کی جگہ کتابیں ہی آرام کر رہی تھیں اور ہمیں بدستور لکھتے دیکھ کر بڑبڑانے لگیں۔ میں تو سمجھی تھی اس کمرے میں اب میری حکمرانی ہوگی لیکن یہاں تو ایک اور رانی ہے اور لگتا ہے اس کی حکمرانی ہے۔ ہم نے اپنے بچوں کو انگریزی اسکول میں شریک کروا کے سمجھ لیا تھا کہ اب وہ ترقی کریں گے۔ لیکن ہمارا اس کہنہ اردو سے دوبارہ ربط ہوگا یہ نہیں سمجھا تھا۔ لیکن اب میں ان کتابوں کو یہاں رہنے نہیں دوں گی۔ یہ کہہ کر وہ میری کتابیں اور تحریر کردہ کاغذات پھاڑنے لگی مجھے غصہ آیا میں نے کہا 'میں اس شیریں و پیاری بقول کنھیا لعل کپور برج بانو کا مداح، مطیع اور غلام ہوں۔ اگر آنند نرائن ملا اس برج بانو کے لیے اپنا دھرم تک چھوڑنے کو تیار تھے تو کیا میں اس کے لیے دھرم پتنی نہیں چھوڑ سکتا۔ اسے یہاں سے کوئی نہیں نکال سکتا۔ تم اسی وقت میرے کمرے سے ہی نہیں میری زندگی سے بھی چلی جاؤ۔ مجھے ایسے منافقوں سے سخت نفرت ہے جو اس غریب زبان کے ٹیچر پروفیسر ہو کر زندگی بھر اس کی روٹی کھا کر اس کی پیٹھ میں خنجر بھونکتے ہیں۔ نکل جاؤ تخلیہ تخلیہ تخلیہ'۔۔

''دادا جان اٹھیے یہ آپ نیند میں کیا بڑبڑا رہے ہیں۔ بار بار 'تک لیا' کہہ رہے تھے۔ یہ 'تک لیا' کیا ہے؟ ناشتے پر سب آپ کا انتظار کر رہے ہیں۔''

میں نے سوچا۔ یہ عجب خواب میں دیکھ رہا تھا۔۔

اور اب حال یہ ہے کہ جب بھی عزیز، رشتہ دار اور دوست عقد ثانی کی بات کرتے ہیں تو ہم اپنے دونوں ہاتھوں کو اپنے دونوں کانوں تک لے جا کر ٹھیٹ دکنی زبان میں کہتے ہیں:

''نکو رے باوا نکو''

قاضی مشتاق احمد
پونے

'بس' اتنا سا خواب ہے

یکم نومبر کو پونے شہر میں بس ڈے Bus Day منایا گیا۔ طئے یہ پایا کہ ٹریفک جام کے مسئلے کو حل کرنے کے لیے اُس دن کوئی بھی اپنی کار باہر نہیں لائے گا بلکہ سب بس سے سفر کریں گے۔ ہمارے محلے کے سینئیر سٹیزن کلب (جسے میری بیگم حقارت سے بوڑھوں کا اڈہ کہتی ہے) نے ایک سرکیولر کے ذریعہ حکمنامہ جاری کیا کہ یکم نومبر کو تمام ممبران پبلک ٹرانسپورٹ کے ذریعہ ہی سفر کریں گے چاہے کوئی کام ہو یا نہ ہو۔

میں نے حکم کی تعمیل میں اپنے پرانے صندوق سے اپنا سوٹ باہر نکالا اور اسے زیب تن کر کے بس سے سفر کے لیے باہر نکل پڑا۔ سوٹ پرانا ہوگیا تھا اور اتنا ڈھیلا ڈھالا تھا گویا ہینگر پر کوٹ لٹکایا ہے۔ بیگم نے اپنی ہنسی پر قابو پاتے ہوئے پوچھا 'کیوں کیا آج بوڑھوں کے اڈے پر کوئی فیشن شو ہے یا فینسی ڈریس مقابلہ؟'

'آج بس ڈے ہے' میں نے غصے سے تمتماتے ہوئے جواب دیا۔

'اور آپ کیا یہ سوٹ پہن کر ممکری کرنے والے ہیں؟' بیگم کا دوسرا تیر۔

'میں صرف بس میں سفر کرنے والا ہوں'۔

'اور اگر اس سفر میں کسی اجنبی حسینہ سے ملاقات ہوجائے تو؟'

'میں اُس سے دل کھول کر ملوں گا' جل بھون کر میرا جواب۔

'پہلے اپنے کوٹ کے بٹن تو بند کر لیجئے'۔ ترکی بہ ترکی مشورہ

میں نے کوٹ کے بٹن لگالیئے اور سیدھا قریب کے بس اسٹاپ پر پہنچا۔ ایک نوجوان لڑکی نے آگے بڑھ کر میرے کوٹ پر 'بس ڈے' کا اسٹیکر لگادیا۔ ایک فوٹو گرافر نے اس منظر کو اپنے کیمرہ میں بند کردیا۔ اس کے بعد قریب آ کر مجھے اپنے ڈیجیٹل کیمرے میں وہ تصویر بھی دکھادی اور سرگوشی کے انداز میں کہا 'سر! میں چاہتا ہوں دوران سفر کسی اہم شخصیت کے ساتھ آپ کی تصویر کھینچ لوں ایسے موقعے بار بار نہیں آتے'۔

میرا سینہ فخر سے پھول گیا۔ بیگم کو نیچا دکھانے کا اس سے اچھا موقع اور کیا ہوسکتا تھا؟ میں نے حامی بھرلی۔

'سر! اس تصویر کو نیوز پیپر تک پہنچانے کے چند مراحل ہیں' اس نے سرگوشی کے انداز میں کہا 'امید کہ آپ میری بات سمجھ رہے ہوں گے'۔

اس کی بات میری سمجھ میں آ گئی۔ پیڈ نیوز کے اس دور میں مفت میں خبر مع تصویر چھپنے کا تصور بھی محال ہے۔ میں نے اپنی جیب سے پانچ سو کا نوٹ نکال کر فوٹو گرافر کی جیب میں ڈال دیا۔

سامنے سے ایک ادھیڑ عمر کی خاتون نوواری ساڑی میں ملبوس مٹک سٹک کر چلتی ہوئی آئیں۔

'سر! وہ دیکھئے چمپا بائی اورنگ آبادکر' فوٹو گرافر نے اس خاتون کی طرف اشارہ کرتے ہوئے کہا۔ بس آپ اس کے ساتھ بس میں سوار ہوجائیے اور کوشش یہ کیجئے کہ اس کی بغل کی سیٹ پر جگہ ملے۔

'لیکن یہ ہے کون؟'

'آپ چمپا بائی کو نہیں جانتے؟ یہ مشہور تماشہ کلا کار ہے۔ لاونی ڈانس میں اس کا جواب نہیں' اس نے مجھے قریباً ڈھکیلتے ہوئے چمپا بائی کے قریب کردیا۔

'بائی! آپ کا ایک پوز پلیز'۔ چمپا بائی ناز و ادا کے ساتھ پوز دینے کے لیے تیار ہوگئی۔ فوٹو کلک ہوا اور ایک بس اسٹاپ پر آ گئی۔ فوٹو گرافر نے اگلے دروازے سے ہم دونوں کو بس کے اندر داخل کرادیا۔ اتفاق سے مجھے چمپا بائی کی بغل میں سیٹ مل گئی۔ چمپا بائی کی نظریں فوٹو گرافر پر مرکوز تھیں۔ پتہ نہیں اس نے کیا اشارہ کیا۔

چمپا بائی نے قاتلانہ نظروں سے میری طرف دیکھتے ہوئے کہا 'اجوبا! (دادا جان) اپنی ہتھیلی دکھایئے۔ میں اس پر اپنا آٹو گراف کروں گی؟'

پتہ نہیں کس جذبہ کے تحت میں نے اپنی ہتھیلی آگے بڑھادی اور چمپا بائی نے کمال دلیری کے ساتھ ادائیں بکھیرتے ہوئے میری ہتھیلی پر اپنا نام لکھ دیا۔فوٹوگرافر نے مجھے اشارہ کیا کہ' آپ کا کام ہوگیا'۔اگلے اسٹاپ پر بس رکتے ہی چمپا بائی اٹھ کھڑی ہوئی اور میں بھی اٹھ گیا۔فوٹوگرافر پتہ نہیں بھیڑ میں کہاں کھوگیا تھا۔ میں نے چاروں طرف نظریں دوڑائیں مگر اس کا پتہ نہیں تھا۔

چمپا بائی نے مجھے اس طرح اس کے پیچھے پیچھے چلتے ہوئے دیکھ کر کہا' واہ صاحب! آپ تو گلے پڑ گئے ۔ ایک پوز کیا دیا میرے پیچھے پیچھے آنے لگے'۔

بس اسٹاپ پر کھڑے نوجوان لڑکے کھی کھی کر کے ہنسنے لگے۔ ایک لڑکے نے گانا شروع کردیا۔ بڑے میاں دیوانے !ایسے نہ چلو۔

بدمعاشوں کا وہ ٹولہ تو اُسی بس میں سوار ہوکر چلا گیا میں نے مخالف سمت سے آنے والی بس میں سوار ہونے میں ہی عافیت جانی۔ بزرگوں کے لیے مخصوص سیٹ پر ایک خرانٹ قسم کے بڑے میاں بیٹھے ہوئے تھے۔ان کی بغل والی سیٹ خالی تھی ، میں اُس پر بیٹھ گیا۔انہوں نے میری طرف قہر آلود نظروں سے دیکھا گویا میں ان کے قریب والی سیٹ پر نہیں بلکہ ان کے سر پر بیٹھ گیا ہوں۔

'یہ بس کہاں جاتی ہے؟' میں نے ماحول خوشگوار بنانے کے لیے ان سے پوچھا۔

'یہ سوال آپ کو بس میں سوار ہونے سے پہلے پوچھنا چاہئے تھا' انہوں نے ترش لہجہ میں جواب دیا تھا۔

'مجھے یونیورسٹی گیٹ جانا ہے'

'اس بس کے ذریعہ آپ سناروا ڑی جاسکتے ہیں'۔

میں اٹھنے لگا تو انہوں نے تحکمانہ انداز میں کہا' میں اگلے اسٹاپ پر اترنے والا ہوں۔ وہاں سے یونیورسٹی گیٹ کی بس مل جائے گی'۔

اگلے اسٹاپ پر واقعی مجھے یونیورسٹی گیٹ کی بس مل گئی۔اور میں خیریت سے اپنے گھر پہنچا۔گھر میں داخل ہوتے ہی میری نظر ببن خان پر پڑی جو محلے کا سب سے بڑا چغل خور تھا۔ اس نے یقیناً میری بیوی کے کان بھرے ہوں گے۔ مجھے دیکھتے ہی وہ کھسک گیا۔ بیگم نے ناخوشگوار لہجہ میں کہا' اپنی ہتھیلی دکھایئے'۔

ہتھیلی پر 'چمپا' کا آٹوگراف دیکھ کر وہ بھنبھنائی' یہ چمپا کون؟'

'ایک لوک کلاکار'

'اس ناچنے گانے والی کو آپ کب سے جانتے ہیں؟'

'ارے بھئی! آج پہلی بار دیکھا ہے'

' اور پہلی نظر میں پیار ہوگیا۔عہد و پیماں ہونے لگے ۔ واہ جناب پہلی ہی ملاقات میں ہتھیلی پر اپنی مہر بھی ثبت کردی'، بیگم غصہ سے بھنبھنا رہی تھی ۔ ببن بھائی نے اپنی آنکھوں سے دیکھا ہے۔

وہ وہاں کیسے آ گیا؟

کیوں! کیا آپ نے اپنی محبوبہ کے لیے ساری بس ریزرو کی تھی ۔ وہ بھی اسی بس میں سوار تھے اور انہوں نے آپ کو اس چمپا بائی سے راز و نیاز کی باتیں کرتے خود دیکھا تھا۔

جھگڑا اس وقت ختم ہوا جب مسجد سے اذان کی آواز آئی اور میں نماز کے لیے مسجد کی طرف دوڑا۔۔

' اللہ تعالیٰ کے حضور گڑگڑا کر اپنے گناہوں پر معافی طلب کرلیجئے' بیگم کی آواز میرا تعاقب کررہی تھی۔

دوسرے دن اخبارات میں چمپا بائی کا میری ہتھیلی پر آٹوگراف کرتے ہوئے لی گئی تصویر اس کیپشن کے ساتھ شائع ہوئی تھی 'مشہور لاونی کلاکار چمپا بائی اورنگ آباد کر اپنے پرانے مداح کو اس کی ہتھیلی پر آٹوگراف دیتے ہوئے'۔

اس کے بعد میرا گھر سے باہر نکلنا مشکل ہوگیا۔ باہر نکلتا تو بیگم کا یہ طعنہ سننے کو ملتا' اس بار اپنے سینہ پر آٹوگراف لیجئے کہ گردن جھکاتے ہی اس چمپا کا دیدار ہوجائے'۔اس کے بعد کوئی دن ایسا نہیں گزرتا کہ میں اس پریس فوٹوگرافر کو ڈھونڈنے کے لیے باہر نہیں نکلتا کہ اس سے اتنا تو پوچھ لوں کہ اس نے پانچ سو روپے لے کر میرا جینا کیوں دوبھر کردیا۔ میں نے تو بس اخبار میں تصویر چھپوانے کے لیے وہ رقم دی تھی۔ اتنا سا خواب تھا جو ڈراونے سپنے میں تبدیل ہوگیا اور حالات میرے بس سے باہر ہوگئے۔۔☆

تمنا مظفر پوری
پٹنہ

ٹک

ٹک ایک دوحرفی غیر شاعرانہ لفظ ہے۔ غیر شاعرانہ اس لئے کہ اس لفظ کے ادا کرنے میں رومانیت یا شگفتگی کا احساس نہیں ہوتا بلکہ ناراضگی اور خفگی کا پتہ چلتا ہے اور ایسے ہی موقع پر یہ لفظ استعمال کرتے ہیں بلکہ موقع بھی ٹک کا مترادف ہے۔ لوگ اکثر موقع بے موقع کی جگہ ''ٹک بے ٹک'' استعمال کرتے ہیں مگر موقع میں وہ بات کہاں جو ٹک میں ہے۔ ٹک اس وقت بولتے ہیں جب کوئی ناپسندیدہ موقع ہو یا منفی حالات میں مثبت بات کی جائے اور ایسا موقع ہر دم پیش آتا رہتا ہے جیسے ایک دن کی بات ہے، میں بازار میں سڑک کے ایک کنارے چلا جا رہا تھا۔ بغل سے ایک صاحب گاتے ہوئے گزرے۔ ''سہاگ رات ہے گھونگھٹ اٹھا رہا ہوں'' آواز اچھی تھی فلمی طرز کی پوری طرح نقل اتاری گئی تھی مگر یہ کون سا ٹک تھا کہ دن کی روشنی میں راہ چلتے بھرے پرے بازار میں، روڈ پر ہی گھونگھٹ اٹھایا جائے اور اسے سہاگ رات کہا جائے۔ میں نے انہیں ٹوک دیا، بے چارے شرما گئے اور تیزی سے آگے بڑھ گئے۔ آئے دن ایسے موقع سے دوچار ہونا پڑتا ہے۔ فلمی گانے کے شائقین موقع دیکھتے ہیں نہ محل، بس چالو گانے کا کیسٹ لگا دیتے ہیں جس کا اس موقع پر بجنا کوئی ٹک نہیں رکھتا۔ مثال کے طور پر دیکھئے۔ دروازے پر بارات آ چکی ہے۔ نوشہ میاں مگن ہیں اور اندر دلہن بھی سجی سنوری سنہرے خوابوں میں گم ہے اور لاؤڈ اسپیکر پر گایا جا رہا ہے۔ ''ہم چھوڑ چلے ہیں بابل کو، یاد آئے کبھی تو رو لینا، یا جا اور کہیں تو رو شہنائی ہم ہیں اور میری تنہائی''۔ رونا تو رخصتی کے وقت ہوتا ہے اور خوب شدت سے ہوتا ہے۔ ایسے موقع پر ایک واقعہ یاد آیا۔

رخصتی کا وقت تھا دلہن سب سے گلے لگ کر ہچکی پر ہچکی لے لے کر رو رہی تھی۔ جب وہ دادا جی کے پاس گئی تو اس کی حالت زار دیکھ کر دادا جی نے ڈھارس بندھائی۔ ''بیٹی تو کیوں روتی ہے۔ روئیں گے تو تیرے لے جانے والے''۔ دادا جی نے بات سچی کہی تھی کیونکہ دلہن صرف رخصتی کے وقت روتی ہے اور دلہا زندگی بھر روتا ہے۔ مگر یہاں پر کہنے کا کیا ٹک تھا۔ اس طرح دیوالی کا تیوہار ہے ہر جگہ دیئے، بلب، قمقمے روشن ہیں۔ خوشی میں لوگ پٹاخے اور پھلجھڑیاں چھوڑ رہے ہیں اور اس طرف فلمی گانے سننے کے شائقین کیسٹ لگائے ہوئے ہیں۔

ایک وہ بھی دیوالی تھی اک یہ بھی دیوالی ہے
اجڑا ہوا گلشن ہے روتا ہوا مالی ہے

بھلا بتائیے ایسے گانے کے بول سننے کا کون سا ٹک ہے؟

پچھلے دنوں ایک جنازہ کی محفل میں شرکت کرنے گیا۔ جب میت قبرستان پہنچی تو وہاں پر بغل کے مکان سے گانے کی آواز آ رہی تھی۔ ''بہارو پھول برساؤ میرا محبوب آیا ہے''۔ باوجود ماحول اور موقع غمگین تھا سبھی لوگ خاموش اور سوگوار تھے پھر بھی گانے کے بول پر لوگوں کے ہونٹوں پر مسکراہٹ آ گئی۔ حد تو یہ ہوئی کہ جب قبرستان سے لوٹ رہے تھے تو اس وقت گانے کی جو آواز آئی وہ بول تھے ''جانے والے ہو سکے تو لوٹ کے آنا''۔

پتہ نہیں گانے کا یہ بول کس کے لئے تھا۔ جانے والے مرحوم کے لئے یا قبرستان سے لوٹنے والے سوگواروں کے لئے۔

ہاں تو میں لفظ 'ٹک' کے متعلق کہہ رہا تھا کہ اکثر لوگ موقع اور وقت کا لحاظ کئے بغیر الفاظ اور جملوں کا غلط استعمال کرتے ہیں

جو بالکل بے تک ہوتے ہیں۔ اب دیکھئے پچھلے دنوں میرے داہنے پاؤں کی ایڑی میں چوٹ آگئی۔ ہیر فریکچر تھا لہٰذا ڈاکٹر نے کریپ بینڈیج باندھ کر چار ہفتے کے لئے مکمل آرام کرنے کا مشورہ دے دیا۔ حادثے کی خبر لوگوں کو ہوئی رشتہ داروں اور احباب کے فون آنے لگے۔ عیادت کے لئے لوگ بھی آنے لگے۔ پھر ایک دن ایک شاعر محترم کا فون آیا کہ ابھی ابھی خبر ملی ہے کہ آپ کے پاؤں میں چوٹ آگئی ہے۔ خیریت معلوم کرنے کے لئے فون کر رہا ہوں۔ موقع نکال کر تعزیت کے لئے آؤں گا۔ لفظ تعزیت سن کر میں گھبرا گیا اور اپنے پاؤں میں چیونٹی کاٹ کر اپنے زندہ ہونے کا ثبوت تلاش کرنے لگا۔ اس وقت مجھے ایک واقعہ یاد آیا کہ ایک پیر مرشد کی محفل میں گئے تو ان کے آگے پیچھے ان کے معتقد اور مرید لگے ہوئے تھے۔ جب مرشد نے ڈائس پر چڑھنے کے لئے اپنا جوتا اتارا اور اپنے ہاتھ میں لے لیا تو پاس کھڑے ہوئے ایک معتقد نے کہا ''حضور جوتا مجھے دے دیجئے''۔ مرشد نے انکار کر دیا تو اس معتقد کے منہ سے نکلا ''اچھا، دست خود دہان خود'۔ مرشد نے غضب ناک ہو کر ان کی طرف دیکھا تو ان کو ہوش آیا اور اپنی غلطی کا احساس ہوا، سٹ پٹا گئے اور بولے۔ جی جی ''مال عرب پیش عرب''۔

اب بولئے۔ میری خیریت پوچھنے والے شاعر دوست کی عیادت کی جگہ تعزیت کہنا کیا تک تھا۔۔

☆

ممتاز مہدی
حیدرآباد

پیار محبت عشق

کیا خدا اور اللہ میں فرق کرنا جائز ہے ؟ نہیں نا ! اسی طرح محبت اور عشق میں فرق کرنا بھی ظلم ہے ۔ ہماری سوسائٹی نے جانے کیسے کیسے ظلم سہنے کی عادت ڈال لی ہے ۔ ہمارے ایک شاعر دوست ہیں جو اس بات پر مصر ہیں کہ وہ ایک نہ ایک دن محبت اور عشق کو الگ الگ امر ثابت کر کے رہیں گے ۔ (ایک طرف ہاتھ اٹھاتے ہوئے بولے) ' بلکہ ہمارے ...... اقبال نے تو عشق کی قسموں کو بھی الگ الگ کر کے رکھ دیا ہے' ۔ ہم نے کہا ' ہر بات میں آپ پان والے اقبال کا حوالہ کیوں دیتے ہیں ، وہ تو چھالیہ ، پان وغیرہ ملا سکتا ہے ، کوئی چیز الگ الگ کیسے کرے گا '' ؟ '' ارے میں شاعر اقبال کی بات کر رہا ہوں' ' لیکن اشارہ تو پان کی دکان کی طرف کر رہے تھے' ' جی نہیں میں مشرق کی طرف اشارہ کر رہا تھا' ' اوہو ! شاعرِ مشرق اقبال ، پھر تو صاف صاف الفاظ میں کہتے اشارہ کیوں ؟ '' مسئلہ وہی تو ہے ، عین وقت پر نہ لفظ' علامہ' یاد آتا ہے اور نہ شاعر مشرق ، ہماری یادداشت کی ایسی کی تیسی' ویسے محبت اور عشق کے درمیان ایک اور پیاری کڑی ہے جسے' پیار' کہتے ہیں ۔ پیار ، مطلب ، لاڑ ، دلار ، بوسہ ، ایک لذت دار انگریزی لفظ' Kiss ' بھی بڑی شدومد کے ساتھ مستعمل ہے ۔ Kiss ننھے منّوں کا ، جانوروں کا بھی لیا جاتا ہے ۔ بالغ حضرات بھی آپس میں Kiss کی لذت سے محظوظ ہوتے ہیں ۔ یہ عمل کب سے رائج ہے نہیں معلوم ۔ بعض اڈوانسڈ سوسائٹیز میں تو سلام نمستے کی جگہ' Kiss ' ہی رائج ہے ۔۔

فلمی شاعری بھی پیار کا بہت ڈھنڈورا پیٹتی ہے ، لیکن کبھی کبھی ایسی شاعری ، سننے والوں کے دیدے پھاڑ دیتی ہے اور وہ (پھٹے دیدوں سے ہی) ایک دوسرے کو معنی خیز انداز میں دیکھتے رہ جاتے ہیں اور شاعری سوالیہ علامت بن جاتی ہے ۔ دیکھیے ایک ننھی منی سی لڑکی لب سڑک گنگنا رہی تھی ' پیار میں کبھی کبھی چھوٹی چھوٹی باتوں کا فسانہ بن جاتا ہے' اور ایک باریش بوڑھا گا رہا تھا ' مجھے پیار ہوا پیار ہوا اللہ میاں' ۔ ایک فلمی نغمے نے تو ہندوستان کی گلی گلی کوچہ کوچہ شور برپا کر دیا تھا اور بقول ہمارے آپا چچا' کتے کتے' کی زبان پر چڑھ گیا ہے' ۔ ' پیار کیا تو ڈرنا کیا' ۔ گویا کیا چھوٹا کیا بڑا ہر ایک کی زبان پر یہی الفاظ ہیں بڑے تو مزہ لیں گے ہی ماشااللہ ، ننھے منے بھی پیار و یار الفاظ کا کچھ نہ کچھ کرنٹ محسوس کرتے ہی ہیں ۔ اسی نغمے میں ایک بے باک فلسفہ بہ بانگ دہل وقوع پذیر ہوتا ہے ' پردہ نہیں جب کوئی خدا سے' بندوں سے پردہ کرنا کیا ! ' ۔ ان الفاظ کی ادائیگی کے ساتھ ہی ' کورس' چیخ پڑتا ہے' آ آ آ ۔ آ آ آ ' ۔۔

' داستان محبت' جب جب چھیڑی جاتی ہے تو ہمارے کانوں میں رس گھولتا ایک مسئلہ موسیقی ریز نغمے کی شکل میں کسک آمیز تذبذب کو جنم دیتا ہے ۔ طلعت محمود کی (عورتوں سے بھی) میٹھی (شدید موسم سرما کی راتوں والی) کپکپاتی سریلی آواز اور تذبذب بھرا شعری رویہ ملاحظہ ہو :

محبت ہی نہ جو سمجھے وہ ظالم پیار کیا جانے

پچاس کی دہائی ہمارا ہمکتا بچپن ۔ ریڈیو سے جب بھی یہ نغمہ نشر ہوتا اس وقت کے نوجوان ریڈیو کی طرف لپک جاتے ، ان کی یہ غیر معمولی رغبت اور انسیت سے ہم یہ سمجھا کرتے کہ یہ بڑے لوگوں کی راز و نیاز کی "A" سرٹی فیکٹ والی باتیں ہوں گی ۔ البتہ آج بھی یہ مسئلہ لاینحل ہے کہ شاعر کیوں پیار محبت میں فرق کرنا چاہ رہا ہے ۔ اس وقت تو ہم کو لفظ' ظالم' ہی پیارا دلارا لگتا ہے ۔ شاعر تو ہم کو ہی ظالم کہہ رہا ہے کہ بچہ جیسے جیسے بڑا ہوتا ہے ، ہٹلر ، مسولینی کے بھیانک کارنامے سنتا ہے ، پڑھتا ہے تو ' ظالم' کی وحشت انگیزی لرزہ خیز کر دیتی ہے اور ' ظلم' نفرت کی چیز محسوس

ہونے لگتی ہے لیکن یہ قصور تو طلعت محمود کی سحر انگیز سریلی آواز کا تھا کہ کیسے کیسے الفاظ پیارے لگنے لگتے ہیں۔ ویسے محبت کی یادگار ہے 'تاج محل'۔ اس یادگار کو لے کر بھی ایک مسئلہ، فلسفہ بن جاتا ہے کہ شکیل بدایونی 'تاج محل' کو محبت کی نشانی قرار دیتے ہیں تو ساحر لدھیانوی 'غریبوں کا مذاق' اڑانے والی شئے سمجھتے ہیں۔ ہمارے خیال میں محبت آخر محبت ہے۔ ورنہ محمد رفیع گلہ پھاڑ کر چیخ چیخ کر یہ اعلان کیوں کرتے ؟ 'زندہ باد، زندہ باد، اے محبت زندہ باد' لیکن شاعروں سے پریشانی یہ ہے کہ ذرا موڈ بدلا کہ بات بدل دیتے ہیں 'زندہ باد' کہنے والا شاعر ہی کہتا ہے 'محبت کی جھوٹی کہانی پہ روئے' پل کے پل میں بلکہ پلک جھپکتے میں اپنی ہی کہی ہوئی بات میں الٹ پھیر، دو منہ والے شاعر کہیں کے۔ حد تو یہ ہے کہ ایسی قوالی لکھ ماری جس میں محبت اور انکار محبت دونوں فلسفہ کے وکیل آپ ہی ہیں اور ایک زبردست مناظرہ برپا کردیا، جس کا عنوان ہے 'تیری محفل میں قسمت آزما کر ہم بھی دیکھیں گے۔' یہ مناظرہ انارکلی اور بہار کے درمیان ہوتا ہے کہ سلیم انارکلی کی محبت میں 'بہار' نامی کنیز (بلکہ صدر کنیزاں) کا نٹا بنی ہوئی ہے ۔ خیر تو یہ ہوا کہ مناظرے میں 'محبت' کی جیت ہوگئی اور قوالی مقبول عام ہوگئی۔۔

'داستان محبت' میں ایک عدد محبوب ہوتا ہے اور ایک عدد محبوبہ۔ ستاروں میں گڑبڑ ہو تو ان کے درمیان ایک عدد 'حاسد' ہوتا ہے، جس کا کام فقط رنگ میں بھنگ ڈالنا ہوتا ہے۔ گلشنِ عشق' میں محبت یا عشق کرنے والوں کے خطابات بدل جاتے ہیں۔ محبوب، عاشق کہلاتا ہے، 'محبوبہ' معشوقہ ان کے بیچ گلاب کھلتے ہیں کبھی کبھی گلاب کی ٹہنی میں 'کانٹا' (رقیب) آجاتا ہے جو 'حاسد' ہی ہے۔ جذبۂ محبت انتہائی معصوم ہو تو بقول گلی نلگنڈوی، محبوبہ، محبوب سے کہتی ہے

میرے محبوب میری شادی میں آنا دیکھو

کہنے کو کہہ دیا 'عشق میں جینا عشق میں مرنا اور ہمیں اب کرنا کیا' یہ عشق نہیں آساں کہ اس عشق کی دو قسمیں ہوتی ہیں 'حقیقی' اور 'مجازی'، عشق مجازی کو شاعر نے یوں سمجھانے کی کوشش کی ہے

عاشق کو زر دے یا زیر زمیں کردے
معشوق کو پر دے یا پردہ نشیں کردے

اب رہا مسئلہ 'عشق حقیقی' کا تو علامہ اکبر الہ آبادی نے حقیقی اور مجازی دونوں کو بیک وقت سمجھانے کی بالغ اور بلیغ کوشش کی ہے

حقیقی اور مجازی شاعری میں فرق یہ پایا
کہ یہ جامے سے باہر ہے وہ پاجامہ سے باہر ہے

فلسفہ عشق کی گتھیاں سلجھانے کے لیے حکیم الامت ڈاکٹر سر شیخ محمد اقبال نے عالمانہ معرکے طے کیے ہیں، نتیجہ یوں ظاہر کیا ہے نثری اختصار ایسا ہی ہوسکتا ہے کہ 'عشق کی ابتدا 'علم' ہے۔ 'علم' عقل کو بیدار اور بصیرت و بینائی عطا کرتی ہے۔ جب علم و عقل ترقی کرتے ہیں تو ایک اعلیٰ بصیرت پیدا ہوتی ہے جسے 'وجدان باطن' کہتے ہیں۔ اس وجدان باطن کو جب حقائق محسوس ہونے لگیں تو 'عرفان' کہتے ہیں۔ 'عرفان' علم کی ایک اہم منزل ہے۔ اس سے آگے کی منزل 'عشق' ہے جہاں وہ 'حقائق' محسوس کرتا ہے۔ باپ رے۔ بات تو بہت ہی سنجیدہ ہو چلی ہے لہذا بات کو مزید سنجیدہ نہ کرتے ہوئے آیئے اب دیکھتے ہیں آج کے شعرا نے 'عشق' کی کیا درگت بنائی ہے۔ ایک فلمی شاعر نے 'عشق' کو 'کمبخت عشق' کہا تو دوسرے فلمی شاعر نے یہ سمجھ لیا کہ جب 'کمبخت' کہہ سکتے ہیں تو پھر 'عشق' کو گالی بھی دے سکتے ہیں لہذا اس نے لکھ مارا 'عشق کمینہ'! یہ کیا کمینگی ہے؟ ویسے عشق کے امتحاں کئی ہیں ان میں ایک 'زن مریدی' بھی ہے کہ انگلی کے اشاروں پر ناچو' اٹھو کہیں تو اُٹھو' بیٹھو کہیں تو بیٹھو' کہ محبت اندھی ہوتی ہے، حد سے بڑھ جائے تو 'عشق' کہلاتی ہے۔ جس کی آخری منزل 'فنا فی اللہ' تک جاتی ہے یا پھر 'فنا فی الشیخ' یا کم سے کم فنا فی لیلیٰ (بتوسط میاں مجنوں دی گریٹ)۔

محبت اور عشق کے باب میں 'ظلم' کا گزر ہے اور نہ ظالم کا عمل دخل، جو پیار اور محبت کو نہ سمجھے وہ ہوس کا شکار ہو جاتا ہے اور نتیجہ 'ظالم' کہلاتا ہے۔ کبھی ملی فرصت تو ہوس کا بھی پوسٹ مارٹم کرلیں گے یہ وعدہ رہا۔۔

☆

کچھ کھٹے کچھ میٹھے انشائیے 58 مرتب : ادارہ شگوفہ

ڈاکٹر انیس سلطانہ
بھوپال

کھونا چابیوں کا اور ملنا پروفیسر کے مکان سے

ایک وقت تھا کہ ہم تالے، چابی کی ضرورت محسوس ہی نہ کرتے تھے۔ نہ ہمیں تالہ کھولنا بند کرنا ہی آتا تھا۔ بھلا کون مانے گا؟ لیکن بالکل سچ ہے اور جب سے ہم نے کمرے میں، الماری میں، صندوق میں تالا ڈالنا شروع کیا ہے، تبھی سے چابی نے کھونے کی ایکٹیویٹی بھی شروع کردی ہے۔ صرف چابی کا کھونا مسئلہ بن گیا ہوتا تو ہم کب سے اس سے توبہ کر لیتے۔ مگر توبہ!! کبھی گھڑی غائب ہوتی ہے تو کبھی چھڑی۔ اور ان سب سے بچ بچا کر جو اپنی جان سلامت لے جائیں تو پتہ چلا کہ چشمہ غائب۔ مندرجہ بالا ساری چیزیں بحالت موجودہ ہمارے لیے ضروریات زندگی میں شمار ہوتی ہیں اور اگر ہمارا فوٹو کھینچا جائے تو لوازم زندگانی میں گھڑی، چشمہ، چھڑی ہی اس تصویر کا حسن دوبالا کرتی نظر آئیں گی۔ لیکن جناب یہ چابی بلکہ چابیاں جو عمر عزیز کے ساتھ ساتھ بڑھتی جارہی ہیں اور طاق نسیاں سے زیادہ لگاؤ رکھتی ہیں، کیا مجال کہ ہم کہیں جائیں اور ایک بار کے ڈھونڈنے پر مل جائیں!۔۔

ملنے کے مقامات بھی قابل دید وشنید ہوتے ہیں۔ چشمہ بہت تلاش کرنے کے بعد ملتا تو کبھی کتابوں، کاپیوں میں الجھا ہوا، کبھی پیشانی پر براجمان ہوتا، پھر اکثر تو سامنے کی رکھی ہوئی چیز بھی ہمیں نظر نہ آتی۔ چیز ہی کیوں، کبھی کبھی تو ہماری نظر میں ہم خود ہی غائب ہوجاتے ہیں اور اپنے کھونے اور کھوئے جانے کا نہ کبھی ذکر کرتے نہ کسی سے گلہ شکوہ...... کریں بھی تو کس سے؟

میں نے کچھ پوچھا نہیں اور اس نے بتلایا نہیں
زندگی اک رمز ہے راز داں ہے بے خودی

سو اس بے خودی میں ڈوبے ہوئے ہم، اپنی تینوں آنکھوں سے اپنی چیزوں کی حفاظت کرتے ہیں۔۔

ہماری ہمیشہ کی کوشش کہ ہماری کوئی چیز نہ کھوئے۔ چیزوں کو نا چیز ہونے کی آرزو۔ سو ایک ایسی ہی صبح جانفرسا کا واقعہ ہے کہ ہماری چابیوں کا گچھا گدھے کے سینگوں کی طرح غائب تھا۔ کھونے کو تو آج سے پہلے کے متعدد واقعات ہیں اور ان گنت چیزیں جو نہ صرف مسٹر انڈیا کی طرح غائب ہوچکی تھیں بلکہ جن کی یاد بھی ہمائے بلند پرواز کی طرح کبھی کبھی آتی تھی۔ لیکن یہ تازہ ترین واقعہ جو اس وقت ہمیں سانحہ لگ رہا تھا۔ ہم پر گزر رہا تھا، اور ہم غموں کے بوجھ تلے دبے جارہے تھے۔۔

ہوا یوں کہ ہر تالے کی دو یا تین چابیاں ضرور ہوتی ہیں۔ مگر اس 'ہیں' کو تھی ہونا تھا۔ چنانچہ آج چابیوں کا وہ گچھا جس میں اکلوتی چابیاں پائی جاتی تھیں، غائب تھا۔ ہمارے ہوش بھی انہیں کی طرح اڑ چکے تھے، ہاتھوں میں ہر چند کہ طوطے نہ تھے، ان کی جگہ ٹیلی فون تھا اور چونکہ تار سے منسلک تھا، اڑ نہ سکتا تھا۔ البتہ چہرے کا اڑا ہوا رنگ، پیشانی پر پسینہ، دل کی رفتار کا اچانک تیز ہوجانا کسی الگ ہی مرض کی کہانی سنا رہے تھے! اس سے پہلے تو بارہا ہمارا سامان کھویا تھا۔ کبھی دوران سفر ہم بے سروسامان ہوچکے تھے۔ خاصہ تجربہ تھا، ان حالات سے نپٹنے کا......لیکن آج اچانک ایسا کیا ہوا؟

گھر کے اندر اور باہر ہمیں یقین تھا کہ ہمارے دشمن بے شمار ہیں اور یہ کارروائی کسی ایسی ہی مخاصمت کا نتیجہ ہے۔ وہ یوں کہ جس مکان میں ہم تاحال مقیم ہیں، ہم اسے اپنا آبائی مکان اور

حریف اپنے کو لینڈ لارڈ کہتے ہیں ۔ بھائیوں کی یہ لڑائی ہر چند کہ ہمیں نہ بھائی، مگر زمانے کو بڑی راس آئی اور وکیلوں کی تو بن آئی ۔سو کبھی بھی ہماری ضروری چیزیں غائب ہو جانے کی ذمے داری ہم صرف نوکروں اور گھر کے بچوں پر نہیں ڈالتے ان حضرات کو بھی موردالزام گردانتے ہیں ۔

اور آج عدالتی کارروائی کا دن تھا ، کچھ ضروری کاغذات عدالت میں پیش کرنا تھے ۔ نہ چہرے کی اڑی رنگت پر کسی کو ترس آیا، نہ پسینہ پر کوئی جاں نثار کرنے کو آمادہ ہوا اور ادھر کالج جانا بھی ضروری تھا۔ آج ورکشاپ کا آخری دن تھا۔ مگر وہ چابیاں ۔ تالے گر کو بلایا گیا۔ طالع بھائی نے بڑے پیار سے الماری کا تالا توڑا۔ جی ہاں محمد طالع اتفاق سے تالہ بناتے ہیں ۔ (اور اپنے شہر بھوپال میں غیر اردو داں حضرات یہ ضرور پوچھتے ہیں کہ آپ کے یہاں تالے چابی کے بھی نام رکھے جاتے ہیں؟) اور ہم یہ سوچ کر مطمئن ہو جاتے ہیں کہ ملا دو پیازے کی بیوی کا نام چپاتی بیگم تھا تو طالع بھائی کی بیگم بی چابی ضرور ہوں گی ۔ تو جناب تالا توڑا بھی گیا اور شام ہوتے ہوتے جوڑا بھی گیا ۔ مگر وہ وقت خاص جو اس جوڑ توڑ میں صرف ہوا ہمارے ہوش اڑانے کے لیے کافی تھا ۔ ہم جانتے تھے کہ واقعہ اصل کیا ہے اور کیوں ہے؟ کسی کو نہ بتایا جائے بھلا کوئی کیا کہے گا ۔ گیارہ بجے حاضری دینے والے ہم جب ایک بجے شریک بزم ہوں گے تو ہر ایک تفتیش حال میں شریک ہو گیا۔ جھوٹ ہمیں بولنا نہ تھا اور سچ بتانے پر دل آمادہ نہ تھا۔ وہ خاموشی بھی اس وقت میسر نہ آسکی جو ہزار بلاؤں کو ٹالتی ہے ۔ چنانچہ اس وقت تو بلائیں ٹالنے کا ایک ہی طریقہ تھا کہ ہمدردوں اور تجربہ کاروں کے تجربہ سے فائدہ اٹھایا جائے ۔۔

کسی نے کہا خاک ڈالو...... سو ہم نے ڈال دی ، کہیں سے تجویز آئی ، اسمائے ردسحر ، کا ورد کرو ۔ وہ بھی کیا ۔ نیا تالا صبح ہی خریدا جا چکا تھا۔ اور اسے زینت در بننے کا شرف بھی حاصل ہو چکا تھا ۔ پڑوس سے ادھار لیا گیا تالا ، مع چابی واپس کیا جا چکا تھا ۔ الماری میں آدھی صدی سے جو تالا بوقت خرید مہیا تھا ، اب وہ بھی نیا نیا ہو چکا تھا ۔ اب جو قدرے بے نیازی کا ماحول پیدا ہوا تو ہمارے اندر بھی دوسروں سے گفت وشنید اور کہا سنی کا جذبہ جاگنے لگا ۔ ہم جو صبح سے نڈھال نڈھال سے تھے اب قدرے توانائی محسوس کر رہے تھے ۔

اجناب اور ارباب خیر جس جس کو اس واقعہ بلکہ بزعم خود 'سانحہ' کی اطلاع ملی ہمیں پرسہ دینے اور آئندہ کے لیے صبر و ہمت کے علاوہ ہوش وخرد کو بھی بجا رکھنے کی تاکید کرتے تھے ۔ ہمارے کشادہ صحن میں نہ سرو وسنبل ہیں اور نہ شمشاد با صفا ۔ کس سے کہتے کہ:

ہے ہے مری چابی لے گیا کون
ہے ہے مجھے خار دے گیا کون

ایک پودھا ہے کیکٹس کا ۔ اپنے پر و بال پھیلائے صحن کے ایک بڑے حصہ کو گھیرے رہتا ہے ۔ ڈرتے ڈرتے اپنی انگلیاں کچھ فگار کچھ کم فگار کیے اس کی جڑوں کی بھی تلاشی لے لی اور بعد از تلاش بسیار و زحمت انتظار سوچتے رہے کہ اب کیا کریں؟

یہ کیا کریں ، ایسا سوال ہے جو 'ان سے' گفتگو کرنے کی ہمت پیدا کرتا ہے ۔ کبھی گیارہ ، ساڑھے گیارہ بجے صبح ، موصوفہ خرگوش کی نیند کے جھونکے لے رہی ہوتی ہیں کبھی علی الصبح چارج ہو جاتی ہیں ۔ سو آج ایسا ہی دن تھا ۔ ہم نے روتی آواز میں اپنی بپتا سنائی۔ سنتے ہی کھل اٹھیں ۔ ارے چابیاں تو ہمارے پاس ہیں ۔ ہم کہاں ماننے والے تھے ۔ وہ کہتی رہیں کہ گچھے میں چار چابیاں ہیں اور ہم مصر تھے کہ ہمارے پاس تو صرف دو چابیاں تھیں ۔ اس لیے مذکورہ چابیاں ہماری تو ہونے سے رہیں ۔ پھر ہمیں تو یقین کامل تھا کہ چابیوں کے کھونے میں حریفوں کا ہاتھ ہے ۔ البتہ یہ بات ہم ان سے کہہ نہ سکتے تھے ۔ لیکن یہ بات شہر میں گشت کر چکی تھی اور ہمارے مظلوم ہونے اور ان کی 'شرپسندی' کا گمان دوست احباب کو بھی ہو چکا تھا ۔ ایسے میں ہماری عزیز دوست کا یہ کہنا کہ چابیاں ان کے پاس ہیں ہمارے یقین کو تو متزلزل نہیں کرسکا ، البتہ ان کی ہٹ دھرمی کے ہم قائل ضرور

ہو گئے۔

اس سانحہ کی اگلی شام، حفصہ عرب صاحبہ نے ہماری چابیوں کو امانت جان کر لوٹا دیا تھا اور کہ ہم جنہیں نہ ان کے گھر جانا یاد تھا نہ وہاں چابیوں کے چھوٹ جانے کا گمان تھا، اب چابیاں لیے بیٹھے تھے اور ان لمحوں کو یاد کر رہے تھے جب ان کے کھو جانے نے ہمیں کتنا اور کس قدر پریشان کر رکھا تھا۔ اب کہ چابیاں لوٹ آئی تھیں۔ان کی باز آبادکاری کا کوئی موقع نہیں تھا ۔الماری اس پرانے تالے سے محروم ہو چکی تھی ۔۔

اور ہم پھر نئے تالے، نئی چابی، ٹوٹے ہوئے چشمہ کے بجائے نئے چشمہ کی تگ ودو میں لگے ہوئے تھے ان کی حفاظت کا خیال جان کو آتا تھا۔ ہاں نہیں کھلا تو یہ راز کہ چابیاں دو سے چار کیسے ہو گئیں۔

کہ مجھے خبر نہ ہوتی وہ اگر دو چار ہوتا

یہ عقدۂ لاینحل، کسی طرح حل ہوا۔ یعنی خود ہمیں خبر نہ تھی کہ دو چابیاں اور کس مپرسی کی حالت میں ہمارے پرس کی جیب میں پڑی مزے لے رہی تھیں اور جب ان میں سے ایک پرانے سوٹ کیس کو کھلونے کی کامیاب کوشش کر چکی تو ہم اس چوتھی پر بھی ایمان لے آئے ۔۔

اور کہ احباب و خیر خواہ حضرات کو دعائیں وغیرہ وغیرہ سے نوازتے رہے اور یہ ورد بھی زبان حال سے ہمارے شامل حال تھا۔

کھوتی ہیں روز روز مگر چابیاں کہاں

اور ذرا سی ترمیم کے ساتھ یوں پڑھئے ۔۔

ملتی ہیں روز روز مگر چابیاں کہاں
کھوئیں جو بیچ راہ تو ڈھونڈیں انہیں کہاں

☆

زنفر کھوکھر
ساج، راجوری (کشمیر)

ہم سب ایک ہیں

فیملی پلاننگ کے منصوبوں سے اتفاق رائے کے باوجود بیگم دولت کے ہاں پانچ اولادیں ہوئیں ۔ رشوت ، نیاز ، سوغات ، تحفہ اور کمیشن ۔ خوبی یہ رہی کہ یہ اولادیں جی کا جنجال نہیں بنیں بلکہ سبھی کام کا جی چلتے پرزے اور مصروفیت کے عالم میں ...... یوں پانچوں کی پانچوں انگلیاں گھی میں ۔ بیگم دولت کو بڑا ناز تھا ان پانچوں پر ۔ یہ اُس کی حکمت عملی تھی کہ اُس نے ان پانچوں کے لیے الگ الگ راہیں منتخب کیں اور پانچوں کو الگ الگ راہوں پر گامزن کر دیا ۔ عرصہ دراز سے سب کچھ ٹھیک ٹھاک چل رہا تھا مگر بدقسمتی سے ایک روز ہوا یوں کہ رشوت ذرا سی لاپروائی برتنے سے رنگے ہاتھوں پولیس کے ہتھے چڑھ گئی ۔ اُس نے بہت ہاتھ پاؤں مارے ، بے تحاشہ چیخی چلائی ' ارے بدبختو ! چھوڑو مجھے ...... مجرموں کو تو تم پکڑنے سے رہے ، بس میں صنف نازک ہی تمہارے ہاتھ آئی ۔ کچھ تو شرم کرو خبیثو ۔ جنہیں پکڑنا ہوتا ہے انہیں تم راہ فرار مہیا کرتے ہو اور کچھ کو تو تم پکڑ کر بھی چھوڑ دیتے ہو ۔ میں صنف نازک پہلے سے ہی ہر طرح کی پابندیوں میں گھری ہوں ...... اُلٹا اب تم نے مجھے پکڑ بھی لیا ہے ۔ میں کہتی ہوں چھوڑو مجھے' ۔

مگر اُس کی ایک نہ چلی اور پولیس اُسے اپنے ساتھ لے چلی ۔ تھکن اور ندامت سے رشوت پسینہ پسینہ ہو رہی تھی ۔ راستے میں ایک جگہ اُس نے کہا ' میری زنجیر کھول دو اور ہاتھ سے بے شک پکڑ لو ' پولیس کا رشوت کو ہاتھ سے پکڑنا ہی تھا کہ اُس نے اُن کے کان میں کچھ کھسر پھسر کی اور جُل دے کر بھاگ کھڑی ہوئی ۔ مگر آسمان سے گرا کھجور میں اٹکا کے مصداق ، دوڑتی بھاگتی ، چھپتی چھپاتی رشوت پھر سے کچھ لوگوں کے ہتھے چڑھ گئی اور لوگ اسے پکڑ کر ایک پیر صاحب کے پاس جا پہنچے اور اس کے خلاف شکایت کرتے ہوئے کہا کہ اسے ہم اپنی بہادری سے پکڑ لائے ہیں ۔ یہ اب گھر گھر جانے لگی ہے اور شریف لوگوں کے ایمان پر بھی ڈورے ڈالنے لگی ہے ۔

پیر صاحب اُس وقت اپنے عقیدت مندوں میں گھرے بیٹھے تھے جن میں کچھ بڑے بڑے عہدیدار تھے ، وزیر تھے اور دیگر کئی اثر و رسوخ والے اور بڑے بڑے آفیسر بھی شامل تھے ۔ پیر صاحب نے گرج کر پوچھا ۔

' کیوں بی رشوت ...... یہ لوگ کیا کہہ رہے ہیں ؟ اس سے پہلے کہ لوگوں کے ایمان کمزور کرنے کے جرم میں تمہارے خلاف کارروائی شروع کی جائے اور سزا کے طور پر تمہیں تعزیر لگائی جائے ، کیا اپنی صفائی میں تم کچھ بول سکتی ہو ......؟'

رشوت نے حسب معمول ہار نہ مانتے ہوئے پیر صاحب کے سامنے ہاتھ جوڑ دیئے اور کہا ' حضرت ! جان کی امان پاؤں تو عرض کروں ۔ چوری اور سینہ زوری ! میں ان دونوں کا بار اُٹھانے کے قابل کہاں ۔ اس لیے سب سچ سچ بتاتی ہوں ' سب متوجہ ہوگئے اور رشوت نے نہایت مودب انداز میں کہنا شروع کیا ۔

' حضرت نیاز آپ کے یہاں پہنچتی ہے ۔ تحفہ بڑے بڑے عہدیداروں کے ہاں جاتا ہے ۔ سوغات بڑے لوگوں کے ہاں جاتی ہے ۔ کمیشن بڑے بڑے آفیسروں کے ہاں آتا جاتا ہے اور میری پہنچ میں بس شریف اور سیدھے سادھے لوگ ہی رہ جاتے ہیں جن کا کوئی پرسان حال نہیں ہے ۔ میں ان کی مدد کرتی ہوں ۔

ان کے گھر کا چولھا ہانڈی گرم کرتی ہوں ۔ میرا اپنا حلقۂ احباب ہے ۔ میں کسی ایرے غیرے کے ہاں ہرگز نہیں جاتی ہوں اور جہاں بھی آتی جاتی ہوں، ایمانداری کو ہاتھ سے نہیں جانے دیتی ہوں اور کسی کو دھوکا نہیں دیتی ہوں ۔ آئندہ میں کبھی کسی کی پکڑ میں نہیں آؤں گی ۔ بس اس بار مجھے معاف کردیا جائے ۔'

رشوت کی یہ صاف گوئی تھی یا پھر اُس کا سریلا لہجہ ۔ پیر صاحب نے اُسے ڈانٹ ڈپٹ ضرور کی مگر سزا دینے سے درگزر کیا ۔ اتفاق سے اس نشست میں نیاز، سوغات، تحفہ اور کمیشن بھی موجود تھے ۔ ان کو یہ سب کچھ اچھا نہیں لگا ۔ وہ ایک دوسرے سے کانا پھوسی کرنے لگے ۔۔

'دیکھو تو رشوت میں کتنا دم ہے ...... ! سب کے سامنے ہم سب کے نام بھی گن کر گئی ہے مگر یہ اُس نے اچھا نہیں کیا ۔ ہم پر بھی پابندی لگوانا چاہتی ہے یہ ۔ بیچاری ...... ! آئے دن پکڑی جاتی ہے اور گھر میں دیکھو تو اپنے بڑے پنے کا رعب دکھلاتی رہتی ہے ۔'

'ہائے بے چاری رشوت ......' وہ رشوت کو ستے ہی گئے ۔

حق وراثت کو لے کر بیگم دولت کے گھر میں پہلے سے ہی اختلافات چل رہے تھے ۔ رشوت کے اس طرح پکڑے جانے پر سب کے ہاتھ ایک نیا موضوع لگ گیا تھا ۔ سب مل کر رشوت کا ناک میں دم کرتے ۔

'ہائے بے چاری رشوت ...... ہائے بے چاری ......'

مگر رشوت کسی کے منہ نہیں لگنا چاہتی تھی ۔ اس لیے برداشت کرتی جارہی تھی ۔ اٹھتے بیٹھتے 'ان اللہ مع الصابرین' کا ورد کرتی ۔ مگر کہاں تک ؟ صبر کی بھی ایک حد ہوتی ہے ۔۔

ایک روز اُس نے بھی مقابلہ آرائی کے لیے کمر کس ڈالی ۔ یوں پانچوں میں جم کر لڑائی ہوئی ۔ رشوت نے اپنی وکالت آپ کرتے ہوئے کہا ...... 'میں تم سے بڑی ہوں' زندگی کے اُتار چڑھاؤ دیکھے ہیں ۔ تجربہ کار ہوں ۔ بڑے بڑوں کو میرا سہارا لینا پڑتا ہے ۔ کسی کو اندر تو کسی کو باہر لاتی ہوں ۔ فٹافٹ کام نپٹاتی ہوں ۔ کسی کو عرش سے فرش ، تو کسی کو فرش سے عرش دکھلاتی ہوں ۔ جس کام میں بھی ہاتھ ڈالوں ، کر کے ہی دکھلاتی ہوں ، نہیں تو پیچھا نہیں چھوڑتی ہوں ۔ مرنے کے بعد تک بھی' ۔۔

تحفے نے سر اٹھا کر کہا 'بہن ! یہی تو تم میں برائی ہے ، چرچا میں آجاتی ہو' ۔

'چپ رہ گول مٹولے ۔ یہ برائی نہیں ۔ شہرت ہے شہرت ۔ آج کل لوگوں کا مزاج بدل چکا ہے ۔ کل تک لباس عورت کی زینت تھا ۔ آج عریانی اور نمائش عورت کی زینت ہے ۔ مگر تو کیا جانے گول مٹولے ......!'

رشوت دانت پیستے ہوئے کڑکی تو تحفے کو سر گھٹنوں میں دیتے ہی بنی ۔ اپنی بات جاری رکھتے ہوئے رشوت نے کہا 'میں بگڑی بات بناتی ہوں سب کے کام آتی ہوں ۔ سرکاری دفتروں میں دھڑلے سے آتی جاتی ہوں ......'

تحفے نے پھر ذرا سا سر اٹھایا اور کہا 'لیکن تم پر قانونی پابندیاں ہیں ۔ اس لیے میں کہتا ہوں نچلی ہو کے بیٹھ جاؤ نہیں تو پھر پکڑی جاؤ گی ......' مگر رشوت کو خود پر بڑا بھروسہ تھا ۔ اُس نے زور دے کر کہا 'میں چاہوں تو قانون کے پرخچے اڑا دوں ۔ میری طاقت سے قانونی زنجیریں ہی نہیں سرحدیں تک کھل جاتی ہیں اور تم یہ مت بھولو کہ مجھے پکڑنے والا بھی میری پکڑ سے کبھی بچ نہیں پایا ہے' ۔

سوغات لہجے میں قدرے مٹھاس بھر کر بولی 'بہن تم مانو یا نہ مانو' مگر سچ تو یہ ہے کہ تم بہت بدنام ہو چکی ہو ۔ بھروسہ کے لائق نہیں ہو ۔ اِدھر سے آتی ہو تو اُدھر سے نکل جاتی ہو ۔ جب کہ میں معتبر ہوں ۔ عزت کی نگاہ سے دیکھی جارہی ہوں' ۔

رشوت نے گھور کر سوغات کو دیکھا اور بولی 'تم نے مجھے نیتا سمجھ رکھا ہے شاید ۔ یہ الزامات تمہیں ان نیتاؤں کے سر تھوپنا چاہیے جو بھروسے کے لائق نہیں ہیں ۔ جو وعدے کرتے ہیں ، نبھاتے نہیں ہیں ۔ ووٹ ایک پارٹی کے نام پر لیتے ہیں گھس پیٹھ دوسری میں کرتے ہیں' ۔۔

اُدھر سے کمیشن نے ایک ساتھ کئی وار کردیئے ۔' تم چھپتی چھپاتی ہو۔ راتوں کو چلتی ہو۔ محفلوں وانجمنوں سے ڈرتی ہو۔ اشاروں کنایوں میں بات کرتی ہو۔ تمہیں منہ لگانے سے ہر کوئی ڈرتا ہے'۔

رشوت جل بھن کر بولی' خاک پابندی ہے مجھ پر۔ کسی دن دیکھو میرے ساتھ دفتر چل کر۔ میں سرکاری دفتروں میں دھڑلے سے آتی جاتی ہوں۔ فائلوں کی گرد جھاڑتی ہوں۔ رکے کام نکالتی ہوں۔ ممکن کو ناممکن اور ناممکن کو ممکن بناتی ہوں۔ ارے موٹے تازے کمیشن، تم تو صرف موٹے تازے لوگوں کے ہی کام آتے ہونا، جب کہ میں ہر کسی کے کام آتی ہوں'۔

مگر کمیشن کب ہار ماننے والا تھا اکڑ کر بولا۔

' مجھے اپنے آپ پر ناز ہے۔ میں تمہاری طرح پابندیوں میں نہیں جکڑا ہوں ۔ یوں سمجھ لو کہ سرکاری لائسنس یافتہ ہوں ۔ بڑے بڑوں سے میرا رشتہ ناتا رہتا ہے۔ دھڑلے سے چلتا پھرتا ہوں۔ منہ نہیں چھپاتا ہوں'۔۔

کمیشن کی شہ پا کر تحفہ بھی گڑگڑا اٹھا۔' میں بھی کچھ کم نہیں ہوں ۔ دوریاں گھٹاتا ہوں ، فاصلے مٹاتا ہوں ، قربتیں بڑھاتا ہوں، سب کا پیارا اور راج دلارا ہوں۔ میں کہیں بھی جاؤں مجھے کوئی خطرہ نہیں ہوتا ہے۔ ہر گھر میں میری پذیرائی ہوتی ہے'۔

رشوت کڑک کر بولی' گول مٹولے! تم بس نام سے ہی اچھے ہو۔ ذرا سوچو تو کچھ دم بھی ہے تمہارے اندر۔ جہاں جاتے ہو۔ آسانی سے ہضم کر لیے جاتے ہو مگر میں اس ہاتھ دیتی ہوں تو اس ہاتھ لیتی بھی ہوں'۔

نیاز تو خود کو میٹھا میوہ کہلوانے سے باز ہی نہیں رہتی تھی۔ کہتی تھی میں مزاروں پر چڑھتی ہوں، آسمانوں کی سیر کرتی ہوں۔ وہ بولی' میں نہایت ہی باعزت ہوں۔ صد احترام سے پیش کی جاتی ہوں ۔ میں سب کی جھولیاں بھرتی ہوں ۔ کسی کو خالی ہاتھ نہیں لوٹاتی ہوں' ۔ رشوت سر جھکا کر اُس سے مخاطب ہوئی' بہن تم لائق صد احترام ہو۔ میں تمہیں سلام کرتی ہوں ۔ یہ اچھا ہی ہے کہ تم آسمانوں میں پرواز کرتی ہو'۔۔

سوغات سے اور کوئی بات نہیں بنی تو وہ بولی' بہن تم بہت زبان دراز ہو'۔

رشوت چڑ کر بولی' لگتا ہے تمہارے پاس کہنے کو کوئی بات ہی نہیں رہ گئی ہے۔ جلی کٹی اور گالی گلوچ پر وہ لوگ آتے ہیں جو دلائل کے ساتھ بات کرنا نہیں جانتے۔ خود کو معتبر مانتی ہو تو بات بھی معتبرانہ ڈھنگ سے کرو'۔

بحث وتکرار میں رشوت کسی کو آگے بڑھنے ہی نہیں دے رہی تھی اور بیگم دولت بے خبر سوئی پڑی تھی۔ شور شرابے سے اُس کی آنکھ کھلی تو اس نے دیکھا کہ اُس کی اولاد نے گھر میں اُدھم مچا رکھا ہے۔ وہ بے حد مغموم ہوئی اور لگی پیار سے سمجھانے' میرے بچو! مجھے تم سے یہ امید ہرگز نہیں تھی کہ تم ایک ہی ماں کی اولاد ہو کر آپس میں لڑ پڑو گے ۔تم ایک جٹ رہ کر ایک دوسرے کے کام آنا سیکھو' مگر اُس کی لاڈلی اولاد نے اُس کی باتوں کا ذرا بھی نوٹس نہیں لیا۔ تب وہ ڈانٹ ڈپٹ سے سمجھانے لگی۔' بیوقوفو! دنیا تمہارے دم سے چلتی ہے۔ ساری رونقیں، سارے ہنگامے اور سارے رشتے ناتے تمہارے دم سے ہیں اور تم ہو کہ لڑ جھگڑ کر میرا ناک میں دم کیئے جا رہے ہو'۔ مگر بیگم دولت کی نصیحت کا اُن پر رائی برابر بھی اثر نہ ہوا اور وہ بحث وتکرار کی منزلوں سے گزر کر ہاتھا پائی پر اتر آئے۔ تب بیگم دولت زور سے چیخی۔

' میرے بچو! آپس میں مت لڑو۔ اپنے اختلافات کو اس قدر طول مت دو کہ امریکہ کو دخل اندازی کرنے کا جواز ہاتھ لگ جائے'۔

نہ جانے بیگم دولت کی اس ہانک میں کیسی طاقت تھی کہ وہ ایک دم سے چپ ہو گئے اور پھر لمحہ بھر کے توقف کے بعد ایک جٹ ہو کر گنگنا اُٹھے۔' ہم سب ایک ہیں' روپ رنگ انیک سہی، ہم سب ایک ہیں۔ ہم سب ایک ہیں'۔۔

☆

سلطان سبحانی
حیدرآباد

اولڈ اِز گولڈ

اکثر لوگ ہمیشہ سیکنڈ ہینڈ چیزوں پر فرسٹ ہینڈ ہی کو ترجیح دیتے ہیں۔اب چاہے وہ روزمرہ کے استعمال کی اشیا ہوں یا پھر رشتۂ ازدواج کا ہی معاملہ...... اس کی وجہ یہ ہوسکتی ہے کہ وہ نئی اشیا کو پائیدار اور ٹکاؤ سمجھتے ہیں لیکن ہماری ناقص رائے میں نئی اشیا سے زیادہ پرانی اشیا ہی مضبوط اور کارآمد ہوتی ہیں۔مثال کے طور پر غذا میں روزمرہ استعمال ہونے والے چاول کو ہی لے لیجئے۔ نئے چاول کی بہ نسبت پرانے چاول کی قدر ومنزلت زیادہ ہوتی ہے۔ پرانے چاول مہنگے بھی ہوتے ہیں اور پکنے میں بھی عمدہ ہوتے ہیں۔ یہاں پر نئی اور پرانی چیزوں کا ایک دوسرے سے تقابل کرتے ہوئے دونوں کے اوصاف اس لیے بیان کئے جارہے ہیں کہ حالیہ عرصے میں ہمارے ہم عمر، ہمعصر، ہم نوالہ اور ہم پیالہ کئی دوست اپنی جان سے زیادہ عزیز ملازمت، یعنی حسن خدمت (جس میں حسن، کا وجود ضروری نہیں) سے نہ چاہتے ہوئے بھی سبکدوش ہوئے ہیں۔ان کی سبکدوشی ہمارے اعصاب پر کچھ اس طرح سوار ہوگئی کہ ہم وظیفہ خوار ہونے کے باوجود انہیں باکار ثابت کرنے کی دھن میں لگ گئے اور ہمارا جذبۂ دوستی کچھ انداز سے جوش میں آیا کہ ہم ان کی تعریف وتوصیف میں ایک مضمون قلم بند کرنے کے لیے کمربستہ ہوگئے۔

ہمارا مشاہدہ ہے کہ انسان وظیفہ پر علحدہ ہوکر ناکارہ نہیں ہوجاتا، اسکراپ میں نہیں آجاتا، اگر اسے اسکراپ بھی سمجھ لیا جائے تو کوئی معیوب بات نہیں ہے۔ اس لیے کہ اسکراپ کا کاروبار کرنے والوں کی زبان میں اسکراپ کو' کالا سونا' کہا جاتا ہے۔اب سونا پیلا ہو یا کالا، سونا تو سونا ہی ہوتا ہے، جو دنیا کی ایک بیش قیمت دھات ہے۔اسکراپ کو کالا سونا قرار دینا خود اسکراپ کی اہمیت اور اس کی افادیت کا کھلا ثبوت ہے۔

اکثر لوگ جو مختلف میدانوں میں ہاتھ پیر مارتے ہیں ان میں زیادہ تر کو ۵۰ سال کی عمر کو پہنچنے کے بعد ہی کامیابی کی کنجی ملتی ہے۔ان کے فن میں ندرت اور ان کے عمل میں پختگی آتی ہے۔ اب شعر وادب کے میدان کو ہی لے لیجئے۔ زیادہ تر حضرات وظیفہ پر علحدہ ہونے کے بعد اس میدان میں خم ٹھونک کر کود پڑتے ہیں یا اگر وہ پہلے سے ہی اس میدان کارزار میں اپنے بال سفید اور اوراق سیاہ کررہے ہیں تو وظیفہ یاب ہونے کے بعد ہی ان کی تخلیقات میں پڑھنے والوں کو متاثر کرنے کی کیفیت پیدا ہوتی ہے، کیوں کہ ان کی تحریروں میں مشاہدوں سے بڑھ کر ذاتی تجربات کا نچوڑ داخل ہونے لگتا ہے۔ یہاں ایک اور مثال اس کرکٹ کھلاڑی کی بھی دی جاسکتی ہے جو اپنی ہاف سنچری مکمل ہونے تک نہایت ہی محتاط انداز میں کھیلتا ہے۔جب اس کے ۵۰ رن مکمل ہوجاتے ہیں تب وہ اپنے کندھوں کو کھول کر جارحانہ انداز اختیار کرتے ہوئے چوکوں اور چھکوں کی بارش کردیتا ہے۔ بالی ووڈ کے افسانوی اداکار شہنشاہ جذبات یوسف خاں صاحب طولعمرہ المعروف دلیپ کمار عمر کی تقریباً ۴۴ بہاریں دیکھتے ہوئے پختہ عمر کو پہنچنے کے بعد ہی ان کے سہرے کے پھول کھلے تھے۔ان کی کامیاب ازدواجی زندگی کا اندازہ اس بات سے بخوبی لگایا جاسکتا ہے کہ ان کی اکلوتی بیگم سائرہ بانو (سابقہ بیوٹی کوئن) کی صحت ان دنوں خوب سے خوب تر دکھائی دیتی ہے۔ وہ اب چھوئی موئی سی نازک اندام حسینہ سے ایک فربہ اندام چودھرائن

کچھ کھٹے کچھ میٹھے انشائیے 65 مرتب : ادارہ شگوفہ

بن گئی ہیں ۔ ان کے بارونق اور روشن چہرے پر ایک دائمی سکون اور اطمینان کی جھلک نمایاں طور پر دیکھی جاسکتی ہے ۔ شوہروں کے وظیفہ حاصل کرنے سے قبل بیگمات کی کچھ ایسی ہی حالت ہوتی ہے ۔ لیکن جب ملازمت سے سبکدوشی کا وقت آتا ہے تو بیویوں کے چہروں سے رونق و روشنی اچانک غائب ہونے لگتی ہے ۔ آرام پسند بیگمات کو یہ بات بالکل پسند نہیں آتی کہ ان کے میاں مٹھو برسرکار سے موظف بن کر بے کار اور بے مصرف ہوجائیں ۔ خواہ وہ درون خانہ انجام پانے والے امور میں کتنے ہی کارآمد کیوں نہ ثابت ہوں ، بیگمات اب انہیں حقیر اور بے فیض سمجھنے لگتی ہیں ۔ ویسے تو جب شوہر محترم برسرکار تھے تب بھی وہ غریب خانے میں چپی سادھے بیٹھے رہتے تھے ۔ لیکن پھر بھی سرکاری عہدے کا کچھ تو بھرم تھا ، تھوڑی بہت قدر و اہمیت تھی ۔ لیکن ریٹائرمنٹ کے ساتھ ہی ان کی رہی سہی ساکھ بھی راکھ ہوجاتی ہے ۔ سچ تو یہ ہے کہ وظیفہ حسن خدمت سے سبکدوش ہوتے ہی انسان دفتر و گھر دونوں مقامات سے بے گانہ ہوجاتا ہے ۔۔

اچھی خاصی ملازمت ، معقول آمدنی اور سماجی موقف کے باوجود گھر میں تو اس مجبور و بے بس شوہر ، کی بے یار و مددگار رعایا سے بھی گئی گزری حیثیت ہوتی ہے ۔ البتہ وہ اپنے گھر کی ساری کسر دفتر میں اپنے ماتحتین پر رعب جھاڑ کر نکال لیتا ہے ۔

بہرحال وظیفہ خواروں سے ہمیں دلی ہمدردی ہے ۔ چنانچہ ہم ان سب کی خدمت میں چند رہنمایانہ اصول اور مفید مشورے پیش کرنے کی حماقت کررہے ہیں تاکہ وہ اپنی مابعد وظیفہ زندگی میں سوفی صدفٹ ، تندرست اور چاق و چوبند رہیں ۔

ا ۔ خود کو ہمیشہ جواں ، تندرست رکھنے کے لیے پرانے باغ عامہ نامپلی کا روزانہ صبح ایک چکر ضرور لگائیں ۔ واکرس اسوسی ایشن میں اپنا اسم مبارک ضرور شامل کروائیں اور واکر کا سہارا لینے کے بجائے اپنے پیروں سے چلنے کی سعی کریں ۔ اگر آپ کے حوصلے بلند ہوں تو حسین ساگر کے کنارے گھومیں پھریں ، اور وہاں مجسموں کی شکل میں کھڑی نامور شخصیتوں کی ہمت اور حوصلے کی داد دیں جو برسوں سے دھوپ ، سردی اور بارش میں استادہ رہ کر غیر معمولی صبر و تحمل ، اور قوتِ برداشت کے جذبے کا اظہار کررہے ہیں ۔

۲ ۔ کسی بھی طرح کا غم نہ پالیں ۔ اگر پالنا ہی مقصود ہے تو غم کے بجائے طوطے ، خوش رنگ پرندے یا پھر لوبرڈس ہی پالیں ، تاکہ جوانی کی رنگین اور خوشگوار یادیں ہمیشہ تازہ رہ سکیں ۔

۳ ۔ اپنی عمر کو ماہ و سال سے نہیں بلکہ اپنے خوش مزاج کم عمر دوستوں کی تعداد سے شمار کیجئے ۔

۴ ۔ ہمیشہ نوجوانوں کے ساتھ وقت گزاریں اور حسینوں اور گل رخوں کو دور سے دیکھیں ۔

۵ ۔ بیوی پر دھیان دینے کے بجائے ٹی وی پر زیادہ توجہ دیجئے ، اس لیے کہ آپ ٹی وی کو جب جی چاہے بند کرسکتے ہیں !

۵ ۔ بیوی کا لکچر کسی کڑوی دوا کی طرح پی جائیں ، اس سے صحت اچھی رہتی ہے ۔ چکنا گھڑا بننے کی مشق کریں ۔ بیگم یا بچے کچھ بھی سخت سست سنائیں تو اسے مذاق میں لیں ، جارحانہ تیور بالکل اختیار نہ کریں ۔ بغاوت کی بو آئے یا انقلاب کی بھنک لگے تو چپ چاپ غریب خانے سے باہر نکل جائیں ۔ لیکن عین وقت پر دسترخوان پر ضرور حاضر رہیں ۔ بیوی کے طعنے تشنے برسے لگیں تو اپنے کانوں میں روئی ٹھونس لیں اور پیٹ میں ترنوالے اتارتے جائیں ۔

۶ ۔ گاڑیوں کی اوور ہالنگ کی طرح آپ اپنی بھی اور ہالنگ کرواتے رہیں تو جوڑوں میں جام ہوچکے چھرے اور مار کھائی ہوئی کٹوریوں کو بذریعہ گریس بہتر اور کارآمد بنایا جاسکتا ہے ۔ ان کا درد بھی جاتا رہے گا ۔ اٹل بہاری واجپائی جی کو ان کے گھٹنوں ہی نے کمزور کردیا تھا ۔ حالانکہ وہ علاج کے لیے امریکہ بھی گئے تھے آپریشن بھی کروایا تھا لیکن پھر بھی ان کے گھٹنوں نے ان سے وفا نہیں کی ۔ کوئی عجب نہیں کہ گھٹنوں کی درگھٹنا نہ گھٹتی تو اٹل جی دوبارہ وزیر

اعظم کے عہدے کے لیے اٹل ثابت ہو سکتے تھے۔

گھٹنوں کی بے پناہ اہمیت کے متعلق ایک اور تازہ مثال وائی ایس آر کانگریس پارٹی کے روح رواں شری جگن موہن ریڈی المعروف بہ جگن (جوان دنوں جیل میں مگن ہیں) کی بہن شرمیلا کی دی جاسکتی ہے، جو پدیاترا کے موسم سے فائدہ اٹھانے کے لیے بغیر شرمائے لجائے پدیاترا پر نکل پڑی تھیں لیکن گھٹنے میں شدید تکلیف پیدا ہونے کی وجہ سے انہیں اپنی پدیاترا کو ادھورا چھوڑ کر آپریشن کروانے کے لیے ہاسپٹل یاترا شروع کرنی پڑی۔۔

ہمیں یقین ہے کہ وظیفہ خوار اگر ہمارے چھ نکاتی مشوروں پر عمل کرنے پر آمادہ ہوں تو بلا جھجک سینہ تان کر صحت وتندرستی کی کسوٹی پر یقیناً کھرے اتر سکتے ہیں، اور اگر لاپرواہی اور تساہل سے کام لیں گے تو ایک مسترد شئے بن کر رہ جائیں گے اور 'گولڈی' کہلانے کے مستحق ہرگز نہیں ہوسکتے۔ ذرا ٹھنڈے دل سے سوچیئے۔ جب گولڈ سے آپ کا تقابل کیا جارہا ہے تو سر سے پیر تک ۲۴ نہ سہی کم از کم ۱۲ ہی قراط والا سونا ہی ثابت کریں۔ اس کے لیے اپنے ناتواں ہاتھ پیر کو توانا بنا کر بلکہ بتا کر خوش گوار زندگی گذارنے کا ڈرامہ کرنا ہوگا۔ تب ہی اس پرانی کہاوت کو حقیقت کا جامہ پہنا سکیں گے کہ......

''اولڈ از گولڈ''......۔۔☆

عارف مسعود صدیقی
جدہ

مس کال یا مسکین کال

دنیا سکڑ کر ایک چھوٹے سے عالمی گاؤں کی شکل اختیار کر گئی ہے، فاصلے سمٹ چکے ہیں۔ موبائل فون کی وجہ سے دل کی دوریاں بھی مٹتی جا رہی ہیں اس موبائل کی وجہ سے ہر شخص اتنا قریب لگتا ہے جیسے وہ یہیں کہیں اپنے ارد گرد یا آس پاس ہی موجود ہو۔ کل جب میں نے اپنے بھائی کو فون کیا تو فون پر ٹرین کے چلنے کی اور پھلی بیچنے والے کی آواز سنائی دے رہی تھی۔ اس سے پتہ چلا کہ بھائی صاحب ٹرین میں سفر کر رہے ہیں اور وہ جنوبی ہند کے کسی گاؤں سے گزر رہی ہے۔ ہمیں ایسا محسوس ہوا جیسے ہم نے جدّہ میں بیٹھے بیٹھے اپنا ہاتھ بڑھایا اور ان کو جا دبوچا۔ ایک زمانہ تھا جب گھر میں فون کی موجودگی باعث فخر ہوتی تھی صاحب فون عام آدمی سے طویل بات کرنا بھی پسند نہیں کرتا تھا۔ وہ اکثر و بیشتر انتہائی بے نیازی سے یہ کہتا سنائی دیتا تھا کہ اس میں ایسی کیا بات ہے میرا فون نمبر لو اور آنے سے پہلے فون کر لینا کہ میں گھر پر ہوں یا نہیں؟

یہ وہ دور تھا جب فون لگوانا بھی کوئی آسان بات نہیں تھی بلکہ جوئے شیر لانے کے مترادف تھا۔ اس دور میں ایک دوست نے کہا کہ شیریں فرہاد سے کہتی کہ دودھ کی نہر کھودو تو وہ تیار ہو جاتا لیکن اگر شیریں فرہاد کو اپنانے کے لئے ٹیلی فون لگوانے کی شرط رکھ دیتی تو فرہاد کے سر سے عشق کا بھوت اتر جاتا! اور وہ ہاتھ جوڑ کر کہتا ''معاف کرنا مجھے شیریں ویریں کچھ نہیں چاہیے، فون لگوانے کا عذاب جھیلنے سے ہزار درجے بہتر ہے کہ میں اکیلا ہی زندگی گزار لوں'۔۔

ہمیں یاد ہے ہمارے والد صاحب نے بھی فون کی درخواست دی تھی پورے گیارہ سال بعد گھر پر فون لگا تب تک والد محترم اس دنیا سے کوچ کر چکے تھے۔ گھر پر فون موجود ہونا بلا شبہ ایک فخر کی بات تھی لیکن ایک بات جو پریشان کن تھی وہ تھی رانگ نمبر فون آنا۔ اس وقت کالر آئی ڈی بھی نہیں ہوا کرتے تھے چنانچہ حال یہ تھا کی ہمیں کس شخص نے فون کیا اس کا پتہ ہی نہیں چلتا تھا۔ جس گھر میں صنف نازک کی تعداد زیادہ ہوتی وہاں رانگ نمبرس کا تانتا بندھا رہتا۔ اگر کسی مرد نے فون اٹھایا تو جواب ملتا ''سوری رانگ نمبر'' انہی رانگ نمبرس سے زچ ہو کر کسی شخص نے انتہائی فراست کی بات کہی کہ گراہم بیل کی اگر ایک بھی بیٹی ہوتی تو وہ فون ایجاد کرنے کا خواب بھی نہ دیکھتا۔ خیر یہ تو پرانے دور کی باتیں ہیں. آج کا دور بہت مختلف ہے، ٹیلی فونس پر نہ صرف کالر آئی ڈی ہوتا ہے بلکہ دن بھر یا ہفتے بھر ہونے والی اور کی جانے والی فون کالس کا سارا کچا چٹھا ایک بٹن دبا کر دیکھا جا سکتا ہے۔ اس طرح آج کے جدید دور میں رانگ نمبرس کی جگہ مس کال نے لے لی ہے۔ ماہر فونیات کا کہنا ہے کہ مس کال کے دو وجوہ ہو سکتی ہیں، ایک وجہ یہ ہو سکتی ہے کہ کوئی شخص اپنے پیسے بچانے کی لالچ میں مس کال دیتا ہے۔ دوسری وجہ مسکینی ہے۔ اور زیادہ تر مس کال کے پس پشت یہی مسکین کارفرما ہوتے ہیں۔ خواتین کی بات ذرا مختلف ہے کیونکہ وہ بے چاری اپنے شوہر کو مس کال دیتی ہے تا کہ شوہر سمجھے کہ میری بیوی بہت مسکین ہے، اس کے فون میں ایک پائی بھی نہیں ہے جب کہ اس معاملے میں شوہر مسکین ہوتا ہے۔ اسی خاتون کو اگر سہیلی کو فون کرنا ہو تو مس کال دینا بے عزتی سمجھی جاتی ہے. ہماری بیگم صاحب جب انڈیا

میں تھیں تو ہمیں مس کال کرتی تھیں اور ہم جواباً انہیں فون کر لیتے تھے۔ ایسے ہی ہمیں ایک دن انڈیا سے ایک مس کال آ گئی ہم سمجھے کہ بیگم نے کسی اور نمبر سے کال کیا ہے۔ ہم نے فوری طور پر اسی نمبر پر کال کر دی تو پتہ چلا کہ وہ ہماری مسز کی نہیں بلکہ کسی اور کی مسز کی کال تھی، کیونکہ جیسے ہی ہم نے فون ملا کر ہیلو کہا، ادھر آواز آئی ''میرے سرتاج اچھا کیا آپ نے فوراً ہی فون کیا۔ ہم سکتے میں آتے آتے بچے اور کہا کہ محترمہ شاید ہم نے غلطی سے کال کر دی ہمیں معاف کر دیں لیکن وہ محترمہ ہمیں معاف کرنے کے لئے تیار ہی نہیں تھی کہنے لگی کہ آج بہت دن بعد آپ سے بات ہو رہی ہے آج میں کچھ سنوں گی نہیں بس میں کہوں گی اور آپ سنتے جائیں وہ بولیں... ''گھر کے حالات ٹھیک ہیں، اماں کی صحت بھی اچھی ہے، بچے اسکول پابندی سے جا رہے ہیں اور عربی کی پڑھائی بھی اچھی چل رہی ہے، آپ ہر دو دن کے بعد ایسے ہی فون کر لیا کرو کب آنے والے ہیں ضرور بتائیں۔ آپ کو گئے ہوئے دو سال ہو گئے ہیں جلدی آنے کی کوشش کریں۔ ذرا سوچیں، آپ کا کیا ہے بیرون ملک بڑے ٹھاٹ سے گزر جاتی ہے ہمارا کیسے گزر رہا ہوتا ہے یہ ہمارا دل ہی جانتا ہے کوئی آنے والا ہو تو کپڑے ضرور بھیجیں اور کسی کو نہ بتائیں۔ اس سے پہلے جو کپڑے آپ نے میرے لئے بھیجے تھے وہ آپ کی بہنوں کی نظر ہو گئے خیر آپ یہاں کی فکر مت کریں۔ اپنی صحت کا خیال کریں.

اماں کا بلڈ پریشر بڑا ہوا ہے ابا کے گھٹنوں میں تکلیف زیادہ ہو گئی ہے، بس تم اپنی صحت کا خیال رکھو۔ راتوں کو زیادہ جاگا مت کرو جلدی سو جایا کرو۔ ہمارا کیا ہے، پچھلی دفعہ عید کے دن تمہاری اتنی یاد آئی، چاند رات کو سب لوگ چاند دیکھ رہے تھے میں بھی چاند دیکھ کر رو رہی تھی کہ عید کا چاند تو نظر آ گیا لیکن میرا چاند؟ اتنا سارا شیر خرما بنا لیکن میرا دل نہیں چاہا کھانے پینے کے لئے نہ ہی میں نے نئے کپڑے پہنے۔ خیر جانے دو تم وہاں اکیلے ہو اس لئے اپنے دل کی بات بتا کر تم کو پریشان نہیں کرنا چاہتی۔ آپ نے جو تصویر بھیجی وہ دیکھ کر میں بہت پریشان ہو گئی آپ بہت دبلے لگ رہے تھے اور بال بھی جھڑ گئے ایک اور بات میری سمجھ میں نہیں آئی کہ آپ جب بھی تصویر کھنچواتے ہیں ہمیشہ کار کے قریب کھڑے ہو کر کیوں کھنچواتے ہو؟ تصویر لینے کے لئے کیا کار ہی ملتی ہے آپ کو؟ سر بھی آپ کا گنجا ہو گیا سنا ہے وہاں کا پانی کھارا ہوتا ہے اس لئے آپ وہاں روز مت نہایا کیجئے۔ اب کیا بولوں آپ کے فون کا بل زیادہ ہو جائے گا اس لئے تفصیل بعد میں بتاؤں گی۔ ہم نے حیرت سے یہ سوچتے ہوئے فون بند کر دیا کہ ابھی اور کیا تفصیل باقی ہوگی لیکن ایک بات ضرور ہے کہ اس سے زیادہ مسکین کال ہم نے کبھی نہ سنی اور نہ دیکھی۔۔

☆

ڈاکٹر صفدر
امراوتی، مہاراشٹرا

قطب الدین ایبک اور ہمارے کتب الدین

ہمارے ایک دوست ہیں ۔ اُن کے کان پر ہر دم قلم رکھا ہوتا ہے اور میز پر کورا کاغذ ۔ چنانچہ وہ لکھتے رہتے ہیں ۔ لگا تار ، بے تکان ، بے حساب ، جیسے گھوڑا گاڑی میں جتا چلتا رہتا ہے ۔ مشین کپڑے سیے جاتی ہے ۔ ایسے ہی ہمارے دوست لکھے جاتے ہیں لکھے جاتے ہیں ۔۔

کاغذ سازی کے پلانٹ میں ایک سرے سے لکڑی ، بانس داخل کیے جاتے ہیں ، دوسرے سرے سے کاغذ نکلا چلا آتا ہے ۔ اسی طرح آنکھ اور کان سے مضامین کا خام مال فی بطن لکھاڑ داخل ہوتا جاتا ہے اور قلم سے مضامین نظم ونثر نکلے چلے آتے ہیں ۔ وہ خود فرماتے ہیں کہ وہ صبح سے شام تک قلم گھسیٹتے رہتے ہیں لکھنے کے عمل میں اُن کی مصروفیت کا یہ عالم ہے کہ انہیں پڑھنے کی مہلت ہی نہیں ملتی ۔ بقول شاعر :

دیوانہ بے پڑھے ہوئے مشہور ہوگیا

لکھنا اور لکھے جانا اُن کا مرض ہے ۔ جب کوئی مرض لاحق ہوتو اس کا علاج بھی ضروری ہے چنانچہ ان کے معالج نے 'ھوالشافی' لکھ کر لکھا ۔

وہ لکھیں اور پڑھا کرے کوئی

پڑھنے کے لیے قارئین کی ضرورت ہوتی ہے ۔ اُن کے احباب ہی اُن کے قاری ہیں ۔ وہ بھی یہ کہتے پائے جاتے ہیں کہ :

اس مرض کی دوا کرے کوئی

ہماری رائے میں ہمارے دوست تاریخ ساز شخصیت ہیں ۔ وہ خود اپنے ہر ممدوح کو عہد ساز شخصیت لکھتے ہیں ۔ ہمیں عہد ساز کے معنی نہیں معلوم اس لیے انہیں تاریخ ساز شخصیت لکھنے پر مجبور ہیں ۔ اگر 'عہد ساز' ترکیب کے معنی اُن پر روشن ہوئے ہوں تو ان سے درخواست ہے کہ اس کی وضاحت کے لیے بھی ایک مضمون ضرور تحریر فرمائیں ۔ اس ضمن میں ہماری رائے ہے کہ موصوف کا نام تاریخ میں قطب الدین ایبک کے نام کے ساتھ لکھا جائے گا ۔ قطب الدین ایبک نے قطب مینار بنایا تھا ۔ ہمارے دوست کتب مینار بنا رہے ہیں ۔ ہر سال چھ مہینے میں اُن کی ایک کتاب چھپ جاتی ہے اسی رعایت سے ہم نے موصوف کو 'کتب الدین' کا نام دے رکھا ہے ۔ اگر چہ ہم تاریخ کے ماہر نہیں ہیں ۔ مگر تاریخ میں دخل در معقولات کا جمہوری حق ہمیں حاصل ہے ۔ اس لیے عرض ہے کہ ہم اپنے کتب الدین کو قطب الدین ایبک پر ترجیح دیتے ہیں ۔ وجہ اس کی یہ ہے کہ قطب مینار کی چند منزلیں ہیں ، زیادہ تھیں بھی تو اب چند رہ گئی ہیں ۔ گذرتے وقت کے ساتھ شاید اور کم ہوجائیں ۔ مگر کتب الدین کا کتب مینار ہر سال دو ایک منزل بلند ہوجاتا ہے ۔ ایک طرف قطب مینار کی بلندی گھٹ رہی ہے دوسری طرف کتب مینار کی بلندی میں مسلسل اضافہ ہو رہا ہے ۔

آپ کو شاید حیرت ہو رہی ہو اور آپ سوچ رہے ہوں کہ کیا کتاب لکھنا اتنا آسان ہے ؟ آپ کی حیرت بجا ہے ۔ اردو کے آسمان پر مہر منور بن کر جگمگانے والے حضرت غالبؔ کا ایک دیوان ہے اور بس ۔ میر کے پانچ چھ دیوان ہوں گے ۔ میرؔ ، غالبؔ ، مومنؔ ، پطرسؔ مشہور ضرور ہیں مگر قلم کے سامنے عاجز ہیں ۔ کتب الدین کے لیے کتاب دینا بائیں ہاتھ کا کھیل ہے ۔ بلکہ دائیں ، بائیں ہر ہاتھ کا کھیل ہے ۔ وہ کسی کتاب یا ادیب پر نظر ڈالتے ہیں تو ایک نئی کتاب برآمد ہوجاتی ہے ۔ بقول شاعر :

نگاہ لکھ لکھاری سے نکل آتی ہیں تحریریں

سنا ہے ہمارے بزرگ ادبا وشعرا عالم آخرت میں منھ چھپائے پھرتے ہیں ۔ نوواردان عالم آخرت سے کتب الدین کے کارخانے اور کارنامے سن کر شرم سے پانی پانی ہوئے جاتے ہیں ۔ یہ بھی سنا ہے کہ وہ کتب الدین کے لیے درازی عمر کی دعا کرتے ہیں کہ کتب

الدین سے آمنا سامنا ہونے کی فضیحت سے محفوظ رہیں ۔ وہ اس تصور سے لرزہ براندام ہوتے ہیں کہ نہ جانے کس لمحے کتب الدین عالم آخرت میں وارد ہوجائیں ۔

کتب الدین کی ایک سو کے قریب کتابیں شائع ہو چکی ہیں ۔ موصوف فرماتے ہیں کہ شائع شدہ کتابوں سے دوگنی سے زیادہ تعداد میں ان کے مسودات اشاعت کی لائن میں کھڑے ہوئے ہیں ۔ یہ تعداد دوگنی سے کتنی زیادہ ہے یہ بتانا مشکل ہی نہیں بے حد مشکل کام ہے ۔ وہ کسی کتاب پر نظر ڈالتے ہیں تو اس میں سے ایک نئی کتاب برآمد ہوجاتی ہے ۔ لوگ ہنستے ہیں مگر یہ فطرت کے عین مطابق ہے ۔ آخر آدمی کے بطن سے آدمی ، جانور کے بطن سے جانور نکلے چلے آرہے ہیں ، پھر کتاب سے کتاب نکلی چلی آئے تو اس میں حیرت کی کیا بات ہے؟

امید ہے ہماری باتوں سے آپ مطمئن ہوگئے ہوں گے ۔ مطمئن نہ ہوئے ہوں تو آپ پوچھ سکتے ہیں کہ ہمارے کتب الدین اتنا کیسے لکھ لیتے ہیں ۔ جواباً عرض ہے کہ آپ نے کہانی ضرور سنی ہوگی ۔ ایک مرغا بادشاہ کی بیٹی سے شادی کرنے چلا ۔ راستے میں شیر ملا ۔ پوچھا مرغے میاں کدھر؟ کہا بادشاہ کی بیٹی سے شادی کرنے جارہا ہوں' ۔ عرض کیا 'میں بھی چلوں؟' کہا 'بیٹھ میرے کان میں' ہاتھی ملا ۔ کہا 'بیٹھ میرے کان میں' دریا ملا کہا 'بیٹھ میرے کان میں' سپاہی ملے کہا 'بیٹھو میرے کان میں' ۔ بعینہ کتب الدین ہر کسی سے فرماتے ہیں 'بیٹھ میری غزل میں' یا بیٹھ میرے مضمون میں' ۔ چنانچہ وہ کسی کی دال روٹی ، کسی کی تکا بوٹی ، کسی کی دراز کسی کی کوتاہ چوٹی ، سب پر لکھے جاتے ہیں ۔ ظاہر ہے جس آدمی کا دائرہ کار اتنا وسیع ہے وہ کتنی کتابیں دے گا ، اس لیے وہ کتابیں دیئے جارہے ہیں ۔ وہ فون پر بات کرتے ہوئے مژدہ سناتے ہیں 'ایک گڈ نیوز ہے ۔ میری کتاب آرہی ہے' ۔ ہمیں کہنا ہی پڑتا ہے 'مبارک ہو ۔ آپ فارغ ہولیں' ۔ ۔

ہمارے کتب الدین کسی کے شاگرد نہیں ہیں ۔ ان کی تحریروں سے اس بات کے شواہد نہیں ملتے کہ انہوں نے کسی شاعر یا ادیب سے استفادہ کیا ہو ۔ یوں بھی نہیں ہے کہ کسی کی بات موصوف نے کان لگا کر سنی ہی نہ ہو ۔ ندا فاضلی کی ایک بات انہوں نے گرہ میں باندھ لی ہے:

اوروں کے کندھوں پر چڑھ کے اپنے کندھے جھٹکو
اِدھر اُدھر مت بھٹکو

چنانچہ وہ بالغ اردو میں کبھی 'الف' کے کندھوں پر چڑھ کر کندھے جھٹکتے ہیں ۔ کبھی 'الف' کے کندھوں پر اُچکتے ہیں ۔ کبھی 'ب' کی دستار پر بیٹھ کر مٹکتے ہیں ۔

ہم نے اپنے ادیب دوستوں کی بے دماغی دیکھی ہے ۔ ان کا حال محمد علوی نے یوں لکھا ہے کہ:

سنا ہے سید سے خاں ہوئے ہیں

مگر ہمارے کتب الدین جی ہاں! جی ہاں!! ہوئے ہیں ۔ اس لیے ارباب اقتدار کے کندھوں پر پائے جاتے ہیں اور جھکتے ہوئے ہم ایسے بے دماغوں سے پوچھتے ہیں ۔ 'میں کہاں ہوں!!'

ہم بس یہ کہتے ہیں جی آپ 'الف' کے کندھے سے اچھل کر 'ب' کے کندھے پر جا بیٹھے ہیں ۔ آپ کی اچھل کود یوں ہی جاری رہی تو ابجد ختم ہوجائے گی اور آپ غریب غالب کا مصرع دہرائیں گے:

ہے کہاں تمنا کا دوسرا قدم یا رب؟

ہوتی آئی ہے کہ دنیا اچھوں سے خوش نہیں ہوتی ۔ چنانچہ ایک ایسے ہی ناخوش آدمی کا ریمارک یہ ہے کہ برق رفتار سفر کے باوجود کتب الدین وہیں کھڑے ہیں جہاں روز اول پائے جاتے تھے ۔ ہم نے کہا یہ کیسے ممکن ہے؟ فرمایا ایک شخص کی کار سر شام ایک جگہ بگڑ کر رُک گئی ۔ انہوں نے گاڑی جیک پر چڑھائی ۔ کار درست کی پھر کار دوڑانی شروع کی ۔ رات پھر کار فراٹے بھرتی رہی ۔ صبح ہوئی دیکھا کار جیک پر چڑھی ہوئی ہے ۔ وہ اب بھی وہیں ہیں جہاں سر شام پائے جاتے تھے ۔ یہی حال کتب الدین کا ہے ۔

ہماری دعا ہے کہ کتب الدین اندھیرے کے فریب سے نکل آئیں ۔ روشنی میں سفر کریں اور واقعی نئی نئی منزلیں طے کرتے آگے بڑھیں ۔ ۔

☆

سعدیہ مشتاق
حیدرآباد

'میں امریکہ پہنچ گیا......'

ہیلو...... ہیلو...... ارے یارو! میں امریکہ پہنچ گیا۔ باپ! میں سلیم بول روں رے، سلام علیکم...... ہو...... ہو خیریت سے پہنچا...... اور اب شکیل کی مہربانی سے بات کرروں۔ یاں بی چالو ہوگئے اپنے لوگاں۔ کاں چھوڑتے اپنے حرکتاں۔ پانچ ڈالر میں ایک گھنٹہ بات۔ بلاتیئں سب کو لائن پہ۔ کیلیفورنیا میں تو لائیٹ کا شارٹیج ہوگیا کتے۔ بندے لگادیئے تل کو۔ اپنے لوگاں نئیں سدرتے رے کیا بولا؟ بمبئ؟ ہو بمبئ میں تو ویساچ تھا۔ کلتن کارخانہ۔ پانچ دس روپیوں کو تک مرریں ہلکٹاں۔ واں سے پلین بدل گیا اپنا ایرانڈیا کا ملا، ایسا ہنگامہ پلین، کیا بولوں باپ، کھانا پینا پکچر سب فری چمچوں کی پیکٹ، اپن بی تڑی دے دیئے۔ حسن بھائی کتے مار کے لائے تھے یاد ہے! تم سب لوگاں ساتھ رہتے تو کیسا مزہ آتا تھا یارو......

بمبئ سے نکل کے لندن ایرپورٹ پہ جہاز رکا دیکھ۔ کیا ایرپورٹ بولوں میاں! واقعی۔ کیا بولوں رے۔ میں تو دنگ رہ گیا۔ بڑے بڑے ہالوں میں مخمل کے کارپٹ پہ چھوٹے چھوٹے موٹراں چلتے رے، ایک کونے سے دوسرے کونے تک جانے کو۔ انتظام کے سارے لوگاں سوٹوں میں باپ، ہر پسنجر کو پہلے have a good day بولتے، بعد میں چیکنگ کرتیئں۔ systematic کاماں رے اُن کے۔ اپنے پاس تو پہلے کرنسی جھڑالیتے، پھر سامان کی تڑی الگ۔ نئیں باپ! کچھ بھی بولو یہ انگریزاں بہوت شریف میاں۔ بڑے بڑے کاماں کرلیتے۔ بماں، راکٹاں، جنگاں مگر ایسے ہلکٹاں نئیں ھوتے رے۔ ہیلو ہیلو...... آواز صاف آرئ نا؟ لندن کے بعد پلین نیویارک پہ اترا۔ سمندر کے کنارے کنارے سے ایرپورٹ ہے بھائی! لینڈ ہوتے وقت جان نکل گئی میری، ہزاروں حادثے ہوتے نا یارو! کھا گیا غوطہ سمندر میں تو کیا کرتے بول...... مگر پائیلٹاں بھی۔ ماسٹر پیس رے۔ کیا بچا کے صاف اتار لیا باپ...... پھر ٹنل سے ہوتے ہوئے ایرپورٹ بلڈنگ میں داخل ہوئے۔ سینکروں لوگاں، مگر سناٹاچ سناٹا، ہر طرف چیکنگ کے وقت بھی کانپ کانپ گیا بھائی، یہاں کی انگلش بڑی خطرناک ہے رہے، ایک سوال سمجھے سمجھے تک دوسرا پھینک رامعلوم، ایک تو اپنا ویزا پلاننگ کا، ذرا اِدر اُدر ہوا تو چھوڑتا اُنے، ٹھپہ مارے تک حالت پتلی ہوگئی اپنی۔ اور دیکھ کوئی پہچانت کی صورت نئیں۔ سامان ٹرالی پہ ڈال لے کے چلے جاروں...... اتا لمبا اتا بڑا ہال میری زندگی میں نئیں دیکھا تھا میں...... ہر طرف غپ چپ کس سے پوچھوں...... کیسا پوچھوں سمجھ میں نئیں آرا تھا۔ دور بھیڑ نظر آئی تو جان میں جان آئی۔ اِتےّ میں ہاتاں ہلنے لگے سمجھ گیا اپنے بھیڑو، واں ہیں۔ شکیل بھاگے لے کے ٹرالی۔ لپٹ گیا میں بھی بے قابو ہوگیا۔ ابراہیم، پرویز، عمر، ظفر، سہیل سوب آئے تھے۔ بول رئیں چیخ نکّو میاں، یہ حیدرآباد یا بمبئ ایرپورٹ نئیں ہے۔ یہ امریکہ کا جے یف کے ایرپورٹ ہے۔ یاں زور سے بات کرنا ہنسنا ایٹی کیٹ کے خلاف ہے۔ بدل گئے یارو، یہ لوگاں۔ سوب کھاپی کے فریش ہیں۔ یہ سوب بیچلرس ایک فلیٹ لے کے ہیں۔ اپنی اپنی کاروں میں آئے تھے۔ میرے کو ساتھ لے کے گئے۔ برگر، پیزا کھلائے۔ کوک تو یاں پانی ہے رے، ایک ڈالر میں ایک لیٹر سے بھی زیادہ ملتا۔ اچھا اپنے بشیر کو بول اُس کا بھائی مزے میں ہے۔ کھاپی

کے بیٹھے تو تم سوب کے باتاں ، قصے نکلے سوب اُداس ہوگئے ۔ وطن کو حیدرآباد کو یاد کر لے کے ۔ اب کیا بولوں میں ۔ میرے دونوں سوٹ کیساں کھول کے ڈال دیئے ۔ امی مٹھائی کے دوڈبے اوراچار دیئے تھے ماموں کے واسطے ، ایک ہی سیٹنگ میں پورا کھا گئے نا ۔ میں تین نئے بشرٹاں لایا تھا ۔ تینوں چین کے نکل گئے ۔ جاب پہ جانا ہے بول کے ۔ یہ لوگاں ٹیکسیاں چلاتے رے ، اس کو بھی جاب پہ جانا ہے بولتے ۔ شکیل دو تین روز میں میرے کو کام دلاتوں بول را ۔

ارے یارو ! ذرا فیروز ہے تو بلاؤ ۔ ہاں آ کے جوتے کا ڈبہ کھولا تو اُس میں پرانا جوتا ہے ۔ نیا فیروز کی ڈکی میں رہ گیا ۔ پانچ سو کا تھا دیکھ اس کو بول ، عید کے واسطے خرید لیو ۔ پیسے ہماری امی کو دے دیو بول ۔ ان کا ہاتھ تنگ تھا ذرا ۔ اور دیکھ والد صاحب کو بھاپ نئیں لگنا یہ بات کی نئیں ، تو شروع ہوجاتے اُنو خریدا کیکو تھا ۔ مرنے کو بول کے ۔ پیسے برباد کرا میرے کو تباہ کردیا ، پھر امی کو تم سے توپے گھسیٹ لیتے ۔ ذرا امی کی کیفیت لیتے رہو سنو ۔ ایک ضروری بات بھی ہے یارو ! ذرا ہمارے لوگوں کا بی خیال رکھ لیو ۔ آتے وقت ملا تو بہوت تڑپ کے رورئے تھے ۔ فون نمبر لالیا مگر کونسے وقت کب کروں ، ان کے گھر پے ؟ یا سہیلی کے گھر پے ؟ ذرا پوچھ کے رکھ لئیو ۔ انو صبح دس بجے 98 کی بس سے کالج کو جاتے ۔ واں کا دن یاں کی رات ۔ اُلٹ پلٹ گڑبڑ ہے یارو ۔ میرے کو سدر رانئیں ۔ یاں کے پوتیاں بہوت نکلے ہوئے ہیں رے ۔ ہر جگہ ہر طرف بربا بوٹیاں ہے کیا دیکھ لئیو ۔ اپنے بھیڑو واں بھی فائدے میں ہیں ۔ کولڈرنک ، کوک بول کے پی ریں مگر بدبو سے میں سمجھ گیا ۔ کیا میں ہولا ہوں !! تم لوگاں بہوت باڑاں دیئے رے میرے کو اور غلط باڑاں دیئے ۔ اللہ دیکھیں گا تم لوگوں کو میں پھنس گیا ویسا لگ را میرے کو ۔ سعودی کی طرف نکل جاتا تو اچھا تھا خیر اللہ مالک ہے ۔ تم لوگاں اور اپنا ہوٹل بہوت یاد آ را ۔ اچھا سب کو خدا...... (اور لائن کٹ گئی)

☆